21세기
공화주의

21세기 공화주의

21세기공화주의클럽 지음

인간사랑

차례

머리말

헌법 제1조 제1항은 "대한민국은 민주공화국이다."를 선언하고 있다. 이 선언은 현재의 존재Sein 상태를 드러내는 서술명제로 표현되어 있지만, 우리나라가 마땅히 지향해야 할 바의 당위Sollen를 밝히는 규범문장으로도 읽힐 수 있어야 한다. 따라서 대한민국은 민주공화국이어야 한다.

대한민국이 민주공화국이라는 천명은 일제 치하인 1919년 상해 임시정부 헌장에서 유래하여 1948년 건국헌법에서 채택되었고, 그것은 1987년에 개정된 현행 헌법에서 그대로 반영되었다. 우리 민족은 3·1운동을 통해 보여주었듯이 일제 치하에서는 독립된 국가를 세우고자 빼앗긴 주권을 되찾는 데 초점을 맞추었으나, 8·15해방 시기에는 외세에 힘입은 연유로 조국 분단의 비극을 맞이했고, 심지어 북한의 침공으로 6·25전쟁의 참화까지 치르게 되었다. 이후 온갖 풍상을 겪으며 권위주의 정부에 의한 산업화 몰입이 이루어졌고, 또한 일반민중이 흘린 땀과 피의 대가로 민주화도 놀랍게 성취하는 결실을 거두어 오늘에 이르렀다.

세계사적으로 가장 짧은 시기에 경제성장과 민주화를 함께 일구어낸 비서구권 나라로서 우리가 유일하다고 자부할 정도이므로 민족적 자존감을 내세운다고 해도 지나침이 없을 것이다. 다만 우리는 밝은 미래를 향해 여전히 갈 길을 재촉해야 함에도 자칫 자만에 젖어 또 다시 민족적 불행을 겪어서는 안 될 것임도 명심해야 한다. 특히 분단 상태의 한반도를 포함한 동(북)아시아의 국제질서가 난기류를 넘어 강대국 간의 갈등의 첨예화, 더 나아가 패권 전쟁의 불씨 발화로 비화할 수 있기 때문에 우리의 명민한 대처가 요구되는 시점이다.

오늘의 우리는 과거 구한말 왕조가 보인 모습을 재현하는 방향으로 나아가고 있지나 않은지 진지하게 성찰을 해야 한다. 남북 분단에 따른 갈등과 드잡이가 여전한 상태에서 남한 내에서의 사회분열상이 도를 넘어섰다고 판단되기 때문이다. 좌와 우, 보수와 진보로 갈린 정파적 진영 간의 대립과 반목, 질시가 극심하여 그 구획의 경계가 갈수록 깊어지고 확장됨으로써 봉합과 치유가 불가능할 정도로 치닫고 있음을 심히 우려하지 않을 수 없다.

현세대가 역사를 배우는 연유는 과거에 일어난 사실을 알고 있어야 하지만, 더욱 중요한 점은 의미 있는 해석을 통해 미래로 나아가는 과정에서 유사한 실수를 반복하지 않는 지혜를 갖도록 함에 있다. 예컨대 친일과 같은 역사적 과오를 드러내어 성찰케 함은 민족정기를 바로 세우는 차원에서 사회적이거나 학술적으로 진중하게 전개되어야 하는데, 특정 정치집단이 이를 무시로 반복하여 정치적 반사이익을 얻고자 한다면, 이는 역사를 진영논리에 가두는 어리석음에 해당한다고 할 것이다. 이는 진보 진영이 쉽게 빠져드는 어리석임의 한 유형이다.

마찬가지로 보수 진영이 일상으로 저지르는 폐해가 있다. 보수는 자신들과 다른 생각이나 이념을 갖고 있다고 해서 반대 집단 가운데 극히 일부가 보인 단서를 침소봉대하여 그 전부에 빨간 색채를 짙게 덧칠함으로써 정치적 이익을 얻고, 또 완장을 찰 기회가 주어지면 과시하듯이 재물을 탐하고 소수자의 인권을 유린하는 등 권위주의 전횡으로 일탈하기가 일쑤다. 이와 같이 오만하고 경직된 태도가 마침내 2016년 말의 촛불민주화 시위를 초래했음에 유념할 필요가 있다.

각 정파가 정치적으로 상대 진영과 이념에 따른 정책적 차이를 드러내어 경합하는 것은 마땅하고 좋은 일이다. 문제는 상대방의 상처와 일부 과오를 크게 번지도록 후벼 파는 부정적 비난 일변도로 전개하고 있다는 데 있다. 우리나라가 처한 안팎의 상황이 녹록치 않을뿐더러 대외 상황은 비상한 곳으로 흘러가고 있기에 민족적 일대 각성이 요구된다. 어찌 할 것인가? 다행스럽게도 지금까지 우리가 제대로 주목하지 않은 가치에 시선을 돌릴 때 난제가 해결될 수 있는 길이 열릴 수 있다고 본다. 바로 공화주의Republicanism 정신에서 이를 찾고자 한다.

우리는 공화주의가 현대에 들어서 두 흐름으로 전개되고 있음에 주목한다. 첫 번째로 자유주의적 공화주의는 고대 로마에서 보듯이 지배 받지 않는 자유를 중시하는 사조이다. 자유주의도 간섭 받지 않는 자유에 최대의 방점을 찍고 있기는 한데, 이런 경우 지금 간섭을 받지 않고는 있지만 상황의 변화에 따라 언제든 지배와 억압이 가시화할 수 있다는 문제가 있다. 이에 공화주의는, 로마 키케로Cicero의 외침에서 알 수 있듯이 자유롭기 위해 합리적인 법의 지배는 받되, 사람이 사람을 억압하고 지배하는 사태를 제도적으로 불허하고자 한다.

두 번째로 공동체주의적(또는 시민적) 공화주의는, 마이클 샌델Michael J. Sandel이 드러내고 있듯이 미국 건국 초기에 전형적으로 나타난 사조이다. 영국의 지배로부터 벗어나 아메리카 대륙을 찾은 청교도들은 각자가 자유를 누리면서도 모두가 행복한 나라를 만들기 위해서는 공동의 선을 도모하고자 했고, 이에 시민의 덕성을 고양함으로써 지배의 그림자가 어디서도 드리워지지 않도록 공동체적 자치의 역량을 키우는 데 주력하였다.

이렇게 역사적 경험을 통해 발전한 현대 공화주의의 정치철학은 사회 구성원 각자로 하여금 자유를 누리도록 하되 법 이외에는 어느 누구의 지배도 불허하고, 시민의 미덕을 함양하여 배려와 존중이 가능한 형제애를 갖추게 하고, 더불어 살아가는 가운데 공적 조화를 이루어 자치를 도모하며, 밝은 미래를 향하여 공동선을 추구하는 사조라고 할 것이다.

우리는 앞으로 발전시킬 21세기 공화주의가 현실 정치의 최대 현안, 즉 산업화와 민주화를 대변하는 두 진영 간의 퇴행적인 적대관계를 푸는 데 중요한 역할을 할 수 있다고 본다. 우리는 산업화 진영이 간과한 지배 없는 자유의 삶을 중시하고, 민주화 진영이 놓치고 있는 시민의 미덕 함양이 사회를 건강하게 하리라고 믿는다. 우리는 두 진영이 외면하고 있는 현대 공화주의의 공적 조화의 성취가 적대적 소모성의 정치를 극복하게 할 것이라 여긴다. 오늘의 우리가 서 있도록 만든 크고 작은 역사적 기여, 가깝게는 일제치하의 독립운동과 무지렁이 백성의 인내, 공산화를 막아낸 군인의 기개, 경제성장을 일구어낸 기업인의 도전과 산업일꾼의 노고, 국민 주권을 되찾은 민주화인사의 피흘림 등을 더불어 소중하게 여긴다. 그리고 우리는 우리 고유의 역사적 궤적을 통해 공동선의 목표를 새롭게 가다듬어 지향함으로써 마침내 험난한 국제정세 속에서도 밝은 미래를 향해 나아갈 수 있을 것이라고 믿는다. 따라서 과거와 현재, 미래에도 대한민국은 민주공화국이어야 한다.

21세기공화주의클럽 대표단 강경선, 조민, 한면희

2019. 7. 17.

1장 헌법과 공화국

강경선(방송대 명예교수, 헌법)

1. 왜 공화국을 만들어야 하는가?

우리나라는 현재 선진국이다. 그런데도 우리 스스로가 선진국이라 부르기를 주저한다. 뭔지 2% 그 이상 부족함을 느끼기 때문일 것이다. 그래서 여전히 중견국이라 해야 안심이 된다. 그러니까 우리는 충분한 선진국이 되어야 한다. 선진국이 되어야 할 절실한 이유가 있다. 그것은 첫째, 선진국이 되어야 우리의 주권을 지킬 수 있고, 둘째, 선진국이 되어야 우리도 세계를 향해서 우리의 뜻을 펼칠 수 있겠기 때문이다. 선진국이 되자고 목소리를 높여 외치고 싶지도 않다. 목소리를 높이는 것 자체가 선진국 문화와 거리가 멀어 보일 것 같아서다. 말은 낮고 조용하게 전하지만 사실

속사정을 보면 매우 절박한 과제다. 세계적으로 우리는 꽤나 큰 나라가 되었다. 인구 5천만에 국민소득 3만 달러를 달성함으로써 세계 어디를 가도 우리 국민은 대우를 받고 있다. 우리를 찾아오는 관광객도 많아지고 외국인들이 우리의 전통문화나 토속 음식도 격의 없이 대하는 것도 다 우리가 잘 사는 나라가 된 덕이다. 이렇게 큰 나라가 되었지만 우리는 적어도 동아시아 지역에서는 작은 나라다. 어깨를 과시하는 중국이 서북으로 뻗쳐 있고, 이에 전혀 꿀리지 않는 일본이 동쪽에 자리 잡고 있다. 세계사의 흐름으로 볼 때 이 지역에서 차기 세계 챔피언이 나올 가능성이 높기 때문에 미국도 이 지역 주변을 계속 주시하고 있다. 한때 미국에 대해서만큼은 유일 경쟁자였던 러시아가 언제라도 간섭할 태세로 북쪽에서 남쪽을 내려다보고 있다. 그래서 세계에서 가장 큰 나라들의 틈새 속에서 대한민국은 왜소할 수밖에 없다. 그래서 국권의 위기의식과 그 수호에 대한 문제제기는 충분한 이유가 있다.

다른 한편 우리의 자부심은 결코 작지 않다. 여러 가지로 여건과 형편이 풍요해지고 안목 또한 높아진 관계로 우리 국민이 소극적으로 주권수호에만 매달릴 수는 없다. 오히려 우리의 뜻과 포부는 적극적으로 전 세계를 향하고자 한다. 이것은 주권을 실현하는 일이다. 다만 오랫동안 변방심리와 피해의식이 몸에 깊이 배인 탓으로 당장 외부로 나갈 뱃심과 호방함에 대한 훈련이 되어 있지 않다. 헌법학자 조차 읽지 않는 헌법전문만큼은 일찍이 큰 포부를 우리에게 부여하고 있었다. "밖으로는 항구적인 세계평화와 인류공영에 이바지함으로써 우리들과 우리들의 자손의 안전과 자유와 행복을 영원히 확보할 것을 다짐하면서"와 같이 헌법제국의 실현을 국민들에게 헌법적 과제로 부여하고 있었던 것이다. 이렇게 주권수호와 주권

실현의 두 가지 목표가 헌법 제1조 민주공화국이라는 결정체로 주어진 것이다. 우리는 지금 "해야 하므로 할 수 있다."(We can do because we ought to do.)는 규범의 무한 능력을 마음에 되새겨야 할 때이다.

2. 헌법 제1조

(1) 헌법이란?

헌법은 우리에게는 국가의 근본법이라 알고 있다. 그래서 엄청나게 큰 법으로 생각되어 잘 근접을 하지 않는다. 모든 법들이 그렇지만 헌법도 국민의 법이기 때문에 이렇게 국민들과 거리가 있어서는 안 된다. 더구나 헌법은 국민투표에 의해서 국민들이 직접 만든 법이라는 점에서 국민의 상식이 되어야 할 법이다. 그래서 공무원이 되기 위해서는 지금도 수험과목으로 되어 있다. 앞으로는 자격증을 요하는 대부분의 공익적 직종에도 헌법은 필수적 수험과목으로 확대되는 것이 옳을듯하다.

헌법을 영어로는 constitution이라 한다. 이것은 조직이나 신체를 뜻한다. 우리의 신체도 또 다른 헌법인 것이다. 신체는 튼튼한 몸과 정신, 영혼이 자리 잡아야 건실해진다. 튼튼한 몸은 신체의 외부와 내부로 구성되고, 혈액이나 신경도 활동을 한다. 이 사회의 수많은 조직과 결사체가 있다. 그 하나하나도 헌법이다. 활성화된 조직은 그 조직의 기본법(헌법)이 있고, 세부규정들이 있다. 우리 사람이나 사회 조직들도 모두 존재의 목적이 있어서 그를 향해서 조직과 운영을 해나간다. 헌법도 이와 같다. 헌법은 국가의 법이라는 점에서 다른 것들과 구별될 뿐이다. 헌법은 국가의 주요기관들의 조직과 권한, 그들 간의 상호관계를 정한다. 우리 신체도 해부도를 통해서 설명할 수 있듯이, 국가의 모양과 기능을 해부해 놓은 것이 헌법이다. 오늘날 헌법은 주권자인 국민의 자유와 권리를 보장하는 한편 국민 모두가 조화롭게 살 수 있는 공동선의 방향 위에서 이런 조직도를 마련한 것이다. 헌법은 우리 국민이 원하는 몸과 정신, 영혼을 담은 문서인 것이다. 이 조직도가 작동해야 국가가 살아있는 것이다.

(2) 존재와 당위

헌법 제1조는 "① 대한민국은 민주공화국이다. ② 대한민국의 주권은 국민에게 있고, 모든 권력은 국민으로부터 나온다."라고 규정하고 있다. 대부분의 헌법 규정들은 이 시대의 너무나 자명한 내용들을 규범화한 것이라서 "--이다."(Sein)라는 서술명제로 표현하고 있다. 하지만 헌법도 법의 일종이라는 것을 잊지 말아야 한다. 그렇기 때문에 헌법규정들도 "--이어야 한다."(Sollen)는 당위규범인 것이다. 즉, "대한민국은 민주공화국이다."는 서술문은 "대한민국은 민주공화국이어야 한다."는 규범문으로도 읽어야 한다. 이렇게 해서 우리는 존재와 당위, 사실과 규범 사이의 갭(간격) 속에서 헌법적 실존을 경험하게 된다. 우리는 헌법의 존재와 사실을 직시하면서 헌법이 지향하는 당위를 향해서 진행하고, 또 실천해야 하는 것이다. 존재를 보지 않고 당위만 강조하면 공허하고, 존재만 보고 당위를 보지 않으면 맹목이 된다.

그렇다면 지금 우리나라는 민주공화국인가, 아닌가? 우리나라는 당연히 민주공화국이다. 하지만 충분히 민주공화국이지 않은 것도 사실이다. 즉 두 개의 답이 다 옳다. 한 사람의 인생 목표의 실현이 평생 걸려도 모자라듯이, 우리가 설정한 국가 목표인 민주공화국 실현도 한 세대에 끝날 일이 아니다. 수십 세대를 넘어서 무수한 시간이 걸려야 당도할 일이고, 도달하더라도 또 내적 충일을 다져야 하는 그런 작업인 것이다. 목표라는 것은 도달하지 않더라도 그를 향해 끊임없이 노력하는 과정이 소중하다. 목표 설정과 노력이 투여되는 만큼 상승 발전이 따르는 것이다. 하지만, 때에 따라서는 뜻하지 않은 답보와 후퇴, 불운도 개재하게 된다. 우리의 민주공화국이 걸어온 도정도 이와 같다. 격변과 혁명으로 점철된 지난 100년의 역사는 그야말로 다사다난 그 자체였다고 말할 수 있다. 3·1운동 100주년을 맞아 우리는 헌법의 기둥이라 할 수 있는 민주공화국의 성장과정을 배워야 한다. 언제 어디서 어떻게 태어나 자랐고, 누가 키웠는가 하는 것들을 알아야 한다. 그렇게 해서 민주공화국의 역사에서 지금 우리가 서 있는 곳을 찾아 명확히 좌표를 찍고, 그 존재인식을 기초로 해서 우리가 해야 할 당위가 무엇인지를 알도록 하자.

(3) 규범헌법과 명목헌법

1970년대부터 1980년대까지만 하더라도 우리나라 헌법은 '규범헌법'이 아닌 '명목헌법'이라 불렀다. 헌법 규범의 현실에의 적용이 전혀 안되었기 때문에 헌법은 이름뿐이라는 의미에서 '명목헌법'(nominal Constitution)이라 불렀다.[1] 명목헌법이라 불렀던 가장 큰 이유는 헌법의 본래적 기능이라 할 수 있는 권력제한 기능이 전무했기 때문이다. 최고권력기관에 대한 제한 기능이 없는 헌법은 더 이상 헌법이라 할 수 없다. 그 시기에 헌법은 최고권력기관인 대통령의 권력행사를 정당화하는 기능만을 수행하였다. 헌법의 핵심에 해당하는 국민주권조항과 국민의 기본권조항은 고려 대상이 되지 않았다. 혹여나 문제가 될 것 같으면 국회의 법률제정을 통하여 자의적으로 기본권제한을 행하였다. 현재와 같은 기본권제한에서 고려되어야 할 법치주의적 요소 즉, 과잉금지의 원칙(비례원칙), 포괄적 위임입법금지의 원칙, 명확성의 원칙, 체계정당성의 원칙, 명백하고 현존하는 위험의 원칙, 신뢰보호의 원칙과 같은 것은 헌법교과서에서조차 그 설명이 초보적 상태에 머물러 있었다.

규범헌법과 명목헌법과의 구별기준은 헌법의 수호기능의 존재 여부에

---

1 카를 뢰벤슈타인(Karl Loewenstein)은 헌법규범이 권력과정의 실제와 일치하느냐 않느냐를 중요시하면서 헌법의 실존론적, 존재론적 분류를 행했다. 헌법은 실제관례에 의하여 개개의 경우에 준수될 때에만 규범적 성격을 가진다. 한편, 법적으로는 유효할지라도, 정치과정의 동태가 헌법에 따라서 전개되지 않으면 그 헌법에는 실존적 현실성이 결핍되게 되는데 이것을 명목헌법이라 불렀다. 2차 세계대전 직후에 집필된 그의 설명에 따르면 규범헌법국가는 영국, 미국의 서구국가들이며, 부족하지만 남미의 브라질, 아르헨티나 등 국가들이 이에 해당하고, 명목적 헌법국가는 서구의 민주적 입헌주의가 사전 준비작업도 없이 식민지 혹은 봉건 농경사회질서 속으로 이식된 국가에서 나타나는 것으로 보았다. 이런 곳은 경제적 독립과 지적 독립성을 가진 중산층이 존재하지 않고, 교육이 현저히 떨어져서 헌법의 성공이 기대되기 어렵다. 명목헌법국가는 사실상 헌법제정이라는 정치적 근본결단이 시기상조였던 곳이다. 그렇지만 그들은 권력보유자와 권력복종자들의 선의를 기대하면서, 조만간에는 권력과정의 실제가 헌법규정과 일치되는 현상이 성취되리라는 희망을 가졌다는 점이다. 명목헌법의 제1차적 기능은 교육적인 것이다. 뢰벤슈타인은 헌법을 의상에 비유하여, 규범헌법은 "몸에 꼭 맞고, 또 실제로 착용되고 있는 의복"으로, 명목헌법은 "현재로서는 장롱 속에 걸려 있지만, 국민의 신체가 성장하여 의복에 맞게 되면 실제적으로 입게 될 것을 기대하는 옷"이라 하였다. K. Loewenstein, 김기범 옮김, 『현대헌법론』(서울: 교문사, 1973), 163–170쪽.

서도 찾을 수 있다. 헌법을 위반했을 때 그를 제재할 수 있는 기구가 있느냐 하는 것이다. 헌법 규정 상으로는 우리 헌법에도 제헌 당시부터 위헌법률심판이나 탄핵심판과 같은 헌법재판기관과 기능이 존재했었으나 이들의 실제적 기능은 전혀 없었다고 해도 과언이 아니다. 평상시의 입헌주의와 법치주의는 부재하였다. 오히려 헌법위반에 대한 최후의 제재 수단인 국민의 저항권만이 최고권력을 견제했고, 헌법과 민주주의를 수호했던 것이다. 대단한 국민의 나라다. 1987년 현행 헌법 이후부터는 헌법재판도 제자리를 잡아 나갔다. 그 결과 지금은 우리나라는 상당히 발전된 헌법국가로 분류되고 있다. 아시아에서는 우리나라에 비교할 나라가 없을 만큼의 수준 있는 헌법국가가 되었다. 그런 점에서 우리는 우리 헌법에 대해서 자부심을 가져도 된다. 다만 그 수준은 과대평가나 과소평가 그 어느 것도 할 수 없는 정도의 것이다.

헌정사 70년 동안에 이제는 한 번도 작동되지 않은 조항이 없을 만큼 헌법사건이 많았고, 모든 헌법조항이 검토되었다. 최근 몇 년 사이에 우리는 대단히 이례적인 헌법사건이라 할 수 있는 위헌정당해산심판과 대통령 탄핵심판까지 경험한 상태다. 이처럼 다양한 실전 속에서 우리는 헌법의 가치와 논리를 많이 체득하게 되었다. 외국의 법제도와 법논리를 훨씬 효과적으로 배울 수 있는 기초체력을 갖춘 셈이다. 우리는 여전히 외국의 선례를 학습하고 수용해야 한다. 하지만 우리가 선진국이 되면 될수록 점점 더 우리 스스로 현실 적합한 솔루션(해법)을 찾는 창의성과 자신감을 가져야 하는 것이다. 선진국이란 앞서 나가는 국가이다. 그렇기 때문에 종전에 비해 우리가 따라가야 할 모델들이 자꾸 줄어든다. 오히려 새로 만들어가야 한다. 그런 점에서 선진국은 외로운 길을 가야 한다. 새로운 모델을 만들려면 시행착오도 감수해야 하는 모험성도 가져야 한다. 이렇게 창의성, 모험성과 같은 지혜와 용기가 요구되는 것이다. 그런 점에서 우리는 이제 '따라가던 시대'(catch-up)에 체득된 사고와 태도 대신에 '앞서가는 시대'(start-up)에 적합한 철학과 자세로 재무장해야만 한다. 과거의 중력장에서 탈출해 현재와 미래에 적합한 창조적 인간형이 되어야 하는 것이다.[2]

3. 민주공화국은 언제부터인가?

(1) 3·1운동 이전

우리 헌법상의 민주공화국은 1948년 건국헌법부터 규정이 되었고, 이것은 이전의 임시정부헌법에 기초를 두고 있다. 즉 1919년 4월 11일의 상해임시의정원에서 제정한 대한민국임시헌장에서 시작한다. 이렇게 대한민국 헌법은 임시정부의 법통을 계승하고 있는 것이다. 그렇다면 민주공화국이 임시정부의 임시헌법에 반영되게 된 그 배경은 무엇인가? 역사는 계속 소급한다. 임시정부의 헌법들을 기초한 조소앙은 그 이전 1917년 7월 상하이에서 대동단결선언문을 기초하였다. 이는 순종이 삼보(三寶) 즉 토

2 강경선, "노예제 폐지과정에서 나타난 주권자적 인간", 『민주법학』, 제58호, 2015. 민주주의와 산업혁명을 선도했던 영국은 민주정치를 선구적으로 개척했다. 입헌주의, 법의 지배, 의회제, 의원내각제, 정당제 등은 모두 영국의 소산이다. 영국은 이것을 필요에 따라 시행착오를 거치면서 개발해나갔고, 이것이 전 세계로 전파되었다.

지와 국민과 주권을 포기한 1910년 8월 29일이 구한국 최후의 날이지만 이 날이 곧 신한국 최초의 날로서 이제 우리 국민들이 삼보를 물려받았다는 것을 선언하였다. 1907년 안창호 등에 의해 결성된 비밀결사 신민회는 기관지 《대한매일신보》를 통해 입헌공화의 복음을 전파하고자 했다. 미국 교민들 사이에서 1905년 안창호 중심으로 결성된 공립협회가 대동보국회를 통합해 만든 1910년의 대한인국민회는 기관지 《신한민보》를 통해 가(假)정부 즉 임시정부 설치를 주장하며 입법, 행정, 사법의 삼대 기관을 두어 완전자치제도를 실시할 것을 촉구하기도 했다. 《신한민보》는 국망(國亡)의 책임을 대원군, 고종, 순종, 이씨 왕족들에게 물었다. 이런 일련의 태도는 당시에서는 찾아볼 수 없었던 공화주의적 발상이었다고 볼 수 있다.[3]

이렇듯 민주공화주의의 계보는 조선말로 소급해 올라간다. 1860년대에 처음 서양의 정치제도가 소개되기 시작한다. 이후부터 우리나라도 서양의 정치제도를 답습하려는 노력이 지속되는데, 대개는 책이나 신문에 의한 소개와 토론, 그리고 약간의 제도개혁을 위한 시도란 형태로 빠르게 진화해나간 것을 볼 수 있다. 즉, 군주제의 원형인 전제군주제는 제한군주제로, 다시 입헌군주제로의 논의로 넘어가고, 이어서 민주공화제가 제시된다. 서양에서 2–300년을 두고 전개된 변화를 우리는 2–30년에 진화과정을 거치고 있었던 것이다. 대한제국에 이르기까지 이런 논의는 논의로 그쳤고, 끝까지 전제군주제의 형태를 유지하다가 시대를 마감했던 것이다.

1857년 최한기의 『지구전요』는 영국과 미국의 정치제도를 소개하였다.

3 박찬승, 『대한민국은 민주공화국이다』(파주: 돌베게, 2013), 103–118쪽.

1881년 일본 시찰단의 보고서도 서양의 정치제도를 많이 소개하였다. 1883년 고종이 설치한 박문국에서 발간한 한국 최초의 신문인 《한성순보》는 1884년 1월 30일자의 '구미입헌정체', '미국지략'이라는 글에서 서양의 정치체제를 아주 자세히 설명하였다. 미국의 정치를 '합중공화'라 부르며 이는 "전 국민이 합동으로 협의하여 정치를 하고, 세습군주를 세우지 않으며, 관민의 기강이 엄하지 않고, 오로지 대통령이 만기(萬機)를 총재하는데, 대통령은 전 국민이 공동으로 선출한다."는 등 미국의 정치제도를 소상히 소개하였다.[4] 이와 같은 초기 분위기에서 자연스럽게 개화자강파들이 생겨났다. 1884년 갑신정변이 대표적인 예다. 실패는 했지만 이들은 정령 14개 조를 준비하고 있었다. 그 내용은 군신공치라는 제한군주제를 향한 개혁이었다. 이후 박영효와 유길준은 군민공치라 불렀던 입헌군주제에 강한 의지가 있었다. 동학혁명이 있은 후 갑오개혁이라는 정치적 변혁기에도 입헌군주제를 위한 시도는 이루어지지 않았다. 이후 서재필이 주도하여 독립협회가 만들어졌고, 《독립신문》이 발간되었다. 《독립신문》은 자주독립국가의 중요성을 외쳤다. 우리에게도 주권을 가진 국가가 간절했던 것이다.

> 자주독립은 세계의 큰 보배:
> 6대주 각국이 '자주독립' 네 글자를 다 제일 큰 보배로운 것으로 깊이 연구하여 모두 졸업이 되어 각기 자랑하되, 유독 대한국은 아직도 '자주

---

4 박찬승, 위 책, 35-43쪽.

> 독립' 네 글자의 원 뜻이 무엇인지 통투히 아는 이가 적은 듯하며, 항상 남에게 의지할 생각들만 하고 — 대저 나라라 하고 자주독립을 튼튼히 못하거드면 필경은 남의 보호국이 되어 속박과 압제를 받든지, 그렇지 아니하면 남의 속방이 되어 절제나 받고 서러움을 받을 터이니, 세계에 영광을 볼 수도 없을뿐더러 남에게 점잖은 대접을 못 받을 터이니 어찌 애석하지 아니하리요.(1899년 2월 17일)[5]

독립협회는 직접민주제 형태인 만민공동회까지 구성하였다(1898). 이때 비로소 잠깐 동안이지만 입헌군주제에 대한 합의가 있었다. 만민공동회는 우리나라 최초의 국민의 민회라 보기도 한다.[6] 민회에서 결의한「헌의6조」는 군민공치적 군주제(입헌군주제)를 담았고, 의회로서의 중추원을 요구했다. 하지만 이것은 시행이 되지 않았고 고종은 다시 만민공동회를 탄압했고, 1899년 전제군주제를 표방하는「대한국국제」를 제정하였다. 탄압의 대상이 된 인물들은 옥고를 치룬 후 국내에 잠입하거나 일본, 미국 등 해외로 나가 활동하였다. 그리고 조선은 곧바로 을사늑약에 의한 외교권박탈과 한일합병의 과정을 겪게 된다.

---

5 김홍우 감수,『독립신문 다시 읽기』(서울: 푸른역사, 2004), 186-187쪽.

6 서희경,『대한민국 헌법의 탄생』(서울: 창비, 2012), 20쪽.

(2) 3·1운동 이후

이상에서 본 바와 같이 우리나라의 민주공화국의 역사는 서양에서 발원하여 청과 일본을 통해 민들레 씨처럼 날라 와서 싹이 튼 것이었다. 이쪽저쪽에서 발아하여 그 뜻이 전국과 전 민중에게 전달되고 있었다. 싹은 텄지만 성장하지는 못한 상태에서 식민지가 되었고, 그 상태에서 독립운동의 계기를 맞은 것이다. 이제 독립운동은 새로운 나라 만들기로 나아갔다. 3·1운동을 분기점으로 준비된 집단은 군주국과 결별한 새로운 나라 이름을 대한민국이라 하고, "대한민국은 민주공화국으로 함"을 임시헌장의 제1조로 규정하게 되었다. 그런데 당시 임시정부의 헌법은 규범헌법이었을까, 명목헌법이었을까? 당연히 명목헌법이었다. 주권이 상실되고, 규정할 대상 국민과 범위인 영토와 법집행 기관이 없었기 때문이다. 다만, 민주공화국을 지향한 그 뜻이 고귀했을 뿐이다. 임시헌법의 시대 배경은 주권부재의 시기였다. 이렇게 명목헌법의 시기는 계속된다. 해방 이후에도 미군정 치하에서 주권은 보류되었다. 우리나라를 이끌 실질적인 정부는 1948년에야 구성된다. 이제 주권도 회복되고, 국민도 있고, 영토도 있고, 법집행기관도 존재하였다. 다만, 주권과 영토와 국민은 하나였지만, 사실상의 분단 상태로 접어들었다. 분단 상태는 정치적으로 논란의 시작이 되었다. 단독정부가 아닌 통일정부가 되어야 한다는 남북협상파의 주장이 지향점은 더 좋았지만, 현실논리는 분단 단독정부가 옳았다. 이때 충돌하던 집단과 논리가 지금까지 70년 이상 답습되고 있다.

분단 상태에서 성립한 단독정부가 정치의 최대치를 이루고자 했으면 남북협상파도 포용했어야 했다. 그런데 당시의 정치 형국을 보아서는 이것은 이미 불가능에 가까웠다. 결국 단독정부 하에서 협상파는 배제의 대상이 되었다. 배제하는 데 동원된 법이 국가보안법이다. 국가보안법은 사상과 표현의 자유를 비롯한 정치활동을 극도로 제약하고 억압하는 법이었다. 국가보안법은 더욱 더 무제약적으로 사용되어 갔고, 그에 비례해서 헌법은 명목화되었다. 이승만 집권 2년도 안 되서 발발한 6·25내전은 정치상황을 더욱 더 악화시켰다. 전쟁이 가져다 준 민주정치에 대한 직접적 상처는 너무나 컸고, 그 후유증은 고질병으로 오랫동안 남았다. 국가보안법은 이와 같은 증오와 분노 슬픔과 같은 정서를 기반으로 했기 때문에 이성적 법논리가 작동될 수 없는 영역이 되었다. 국가보안법이 사실상 헌법의 특별법이 되었고, 국가보안법을 집행하는 국가기관 즉 정보기관과 검경권력이 최상위 지배권력이 되었다. 이런 속에 박정희 군사쿠데타도 쉽게 정당화되었고, 유신헌법을 거쳐, 군부정권은 전두환-노태우 정권까지 계속되었다.

(3) 1987년 이후

1987년 헌법과 함께 군사독재는 해소되었다. 정권교체는 5년마다 순조롭게 진행되었고, 의회주의, 사법부 독립, 헌법재판소의 기능, 경제발전, 사회의 다원화, 교육수준, 정보화 사회, 한류문화 등 많은 분야에서 획기적 발전이 있었다. 특히 지난 30년은 우선 국민의 자유와 권리의식이 크게 확대되었다. 교육수준도 높아져서 자신의 권리주장은 매우 다채롭게 전개되었다. 자유와 권리의식의 확대는 민주주의 발전을 위해 꼭 필요하다. 또한 산업과 기술발전으로 인해서 우리는 첨단정보 기기의 환경에 힘입어 민주주의는 더욱 더 발전한 것이 사실이다. 2010년경에 이미 형식적 민주주의, 절차적 민주주의의 높은 수준이 이루어졌는데, 실질적 민주주의로 넘어가야 할 때가 되었다. 법치주의도 마찬가지다. 형식적 법치주의를 넘어 실질적 법치주의가 당면과제다. 1987년 이후 헌법이 작동하고, 법치주의가 작동하고 이만큼 발전했기 때문에 우리는 더 이상 명목헌법국가라고 하지 않는다. 규범헌법국가가 된 것이다. 그래서 민주공화국도 많이 성장한 모습을 갖추었다.[7]

민주공화국이 많이 성장했다고 한다면 얼마나 성장했을까? 이코노미스트지의 세계 각국의 민주주의 평가에서 한국은 높게는 17위까지 진출했고, 최근에는 20위권 초반에 놓여있다. 이 평가는 민주주의에 대한 평가라고는 하지만 우리의 민주공화국에 대한 평가로 보아도 무방할 것 같다. 보통은 민주공화국이나 민주주의나 동의어로 사용되기 때문이다. 세계 20위권에 이른 대한민국이다. 대한민국은 제3세계 국가 중에서 산업화와 민주화를 동시에 성공시킨 대표적 사례로 꼽히고 있다. OECD 가입, G20 국가, 경제력 13위, 군사력 9위, 50–20클럽(인구 5천만–소득 2만 달러) 7개국 등 확고부동한 국가임에 틀림없다. 그럼에도 불구하고 우리 스스로도 아직 우리는 그렇게 번듯한 나라라고 생각하지 않는다. 최근 몇 년 사이에 부쩍 "이게 나라냐?", "헬 조선"과 같은 자조 섞인 힐문이 많이 등장하고 있다. 과거와는 비교할 수 없을 정도로 많이 발전한 나라임에 틀림없지만 여전히 우리 사회가 정돈되지 않고 저급한 수준의 모습을 담고 있기 때문

7 조민, "민주공화국: 헌법정신의 구현"(이 책 3장)에서도 같은 입장을 취하고 있다.

에 튀어나오는 불만의 언어들이라고 생각한다.

1899년 독립신문에서 우리도 자주독립국가가 될 수 없을까하는 절실한 염원이 불과 약 110여년 만에 이만큼 성장했으니 참 대견스럽다고 생각하지 않을 수 없다. 그래도 여기에 머무르지 말고 좀 더 발전해서 세계 10위권 혹은 세계 5위권의 민주공화국을 만들어가자는 통 큰 제안을 국민들에게 하고 싶어진다. 최근에는 방탄소년단이나 봉준호 감독의 칸영화제 황금종려상 수상처럼 적지 않게 올림픽이나 각종 세계적 대회에서 최우수상도 받고 있는데, 민주공화국 평가에서도 그렇게 되지 말라는 법이 없지 않은가? 그리고 이렇게 민주공화국의 면모를 비약적으로 발전시키고자 제안하는 데는 국가전략적인 이유가 있기 때문이다. 이미 서론에서 언급했듯이 우리는 왜소해질 수밖에 없는 동북아시아의 국제형세 속에 처해 있는 것이다. 이렇게 협애한 틈바구니 속에서 헌법이 부여한 우리의 목적 즉 주권수호와 주권실현을 해야 한다고 말했다. 특히 주권실현의 꿈을 갖고 세계를 향한 헌법의 날개를 펴기 위해서는 우리 국민들이 새로운 기상을 세워야 한다. 이를 위해서 우리는 우리를 둘러싼 세계 최강국들 속에서 우리를 특별하게 만들 수 있는 한 부분을 성취해냄으로써 우리의 자긍심을 키워야 한다는 것이다. 바로 이 점에서 세계 최고의 민주공화국 만들기를 국가전략적 과제로 제안하는 것이다. 경제력, 군사력도 상당 수준 높여나가야 하지만 이 분야를 최고로 만드는 것은 무모한 일이다. 그에 비해 최상의 헌법국가, 제일의 민주공화국 만들기는 우리가 마음만 먹으면 가능한 일이기도 하고 동시에 주변국가들에 비해서 비교우위적 경쟁력을 가지고 있는 분야이다. 그래서 일본이나 중국 등 주변국가들이 이루지 못한 민주공화국을 만드는 것이 꼭 필요하다. 독립신문에서 "자주독립을 튼튼히 못하거드면 필경은 남의 보호국이 되어 속박과 압제를 받든지, 그렇지 아니하면 남의 속방이 되어 절제나 받고 서러움을 받을 터이니, 세계에 영광을 볼 수도 없을뿐더러 남에게 점잖은 대접을 못 받을 터이니 어찌 애석하지 아니하리요."라고 했다. 맞는 말이다. 이제 우리는 정말 자주독립을 완성시켜야 한다. 그것이 곧 민주공화국을 만드는 것이고 헌법국가가 되는 것이다.

(4) 민주-공화국

이제 민주공화국을 완성시키고자 한다면 좀 더 철저하게 분석해서 대책을 마련해야 한다. 우리에게 부족한 민주공화국의 요소를 알아야 한다. 선진국으로서 갖추지 못한 부정적인 지표들을 찾아 하루빨리 바꿔나가야 한다. 그러나 무엇보다도 우리의 목표인 공화국이 무엇인지를 정확히 알 필요가 있다. 이를 위해 민주공화국을 민주-공화국으로 나누어 살펴보도록 하자. 민주주의-공화국 이렇게 둘로 나누어 살피자는 것이다. 1980년대 전까지 오랫동안 유진오를 비롯한 대부분의 우리 헌법학자들은 독일과 일본 헌법학의 예를 따라서 민주주의를 정체(政體)로 공화국을 국체(國體)로 구분해서 설명한 적이 있다. 그런 구별방식은 민주주의와 공화국 간에는 차이가 있다는 것을 아는 데 도움이 된다. 민주주의(democracy)는 지배방식이고 그것을 결국 공화국으로 만드는 것이 최종 목적지이다. 지금 우리는 민주주의는 많이 발달했는데, 공화국은 그렇지 못하다. 민주주의는 국민들의 자유와 권리의식이 커짐에 따라 앞으로도 계속 확대되고 발전할 것으로 예측된다. 하지만 그에 비례해서 공화국도 저절로 확립되리라고 전망되지는 않는다. 때에 따라서는 민주주의의 확대로 인해 공화국이 손상될 수도 있다는 상상마저 든다. 이렇듯 민주주의와 공화국 사이에는 분명히 차이가 존재한다. 민주공화국을 만들기 위해서는 민주주의와는 별도의 작업이 필요한 것이다.

(5) 촛불혁명

6월 항쟁과 현행 헌법이 시작된 지도 30년이 넘었다. 30년은 적지 않은 시간이다. 변화주기가 지금보다 길었던 과거였어도 한 세대가 변한 것이다. 이를 기념이라도 하듯이 2016년에는 '촛불혁명'이라는 정치적 격변기를 맞이했고, 대통령이 탄핵되어 파면당하는 헌정사상 초유의 일이 벌어졌다. 이와 함께 새로운 정권이 출범하였다. 문재인 정부가 출범한지도 어느덧 2년이 지났다. 당연히 현 정부는 촛불혁명의 시대정신을 반영하는 정부가 되어야 한다. 촛불혁명의 정신은 무엇인가?

필자는 촛불혁명의 정신은 1987년 헌법을 한 단계 상승시키는 데에 있다고 단언한다. 그것은 위에서 말했듯이 형식적 국민주권, 형식적 민주주의, 형식적 법치주의 국가에서 실질적 국민주권, 실질적 민주주의, 실질적 법치주의 국가로 한 단계 상승하는 것이다. 입헌적 시민국가 헌법에서 사회복지국가 헌법으로 본격적으로 진입하는 것으로 풀이할 수도 있다. 그리고 이것은 민주주의를 정돈시켜 국가의 모습을 갖추는 일이기도 하다. 한 마디로 공화국을 만드는 작업이 촛불혁명의 의의와 정신이라고 본다.

2016년의 촛불시위는 30년 전의 6월 항쟁과 그 연출과정(퍼포먼스)에서도 차이를 보였다. 촛불시위는 모든 것이 세련된 선진국형 시민정치운동의 모범을 보여주었다. 투석이나 화염병 투척과 같은 시위가 아닌 질서 정연한 평화시위를 몇 개월 내내 흐트러짐 없이 보여주었던 것이다. 거리에서 벌린 문화행사와 함께 진행된 시위는 분명 선진국이 아니면 할 수 없는 것이었다. 무대설치와 행사진행, 관중들의 질서 잡힌 참여, 거리 주변 빌딩의 화장실 개방 등 모든 것이 갖추어졌기 때문에 붕괴로 인한 사고, 인파에 떠밀려 다치는 사고하나 없이 몇 개월 시위가 전국적으로 성사된 것이다. 이렇듯 30년 지난 헌법도 이제 선진국형으로 변화될 것이 요구된 촛불혁명이었던 것이다. 하지만 문재인 정부가 들어선 이후의 촛불현장에 남은 시민들의 요구사항은 과거와 크게 다르지 않았다. 집권한 문재인 정부의 처방 또한 그렇게 새롭지 않았다. 우리는 새로운 정치를 해야 한다. 군사정권과 싸우던 시대의 민주화운동이 아니라 지금은 보다 성숙하고 세련된 민주주의 정치를 해야 한다. 이것이 공화주의 정치가 요청되는 이유이다.

4. 공화국이 되기 위한 일반 과제

(1) 이상 국가

공화국(republic)은 최상의 이상적 국가의 대명사라 할 수 있다. 일찍이 서양세계에서 최초의 국가론을 집필한 플라톤의 저서 '국가론(폴리테이아)'도 영문으로는 'Republic'이다. 다만 플라톤의 국가론은 아테네의 나약하고 부패한 민주주의보다는 강력한 스파르타를 선호하여 그와 유사한 계급에 충실한 정의로운 국가론을 저술하였다. 이렇듯이 공화국은 구성원들이 추구하는 최적합 공동체의 모습을 지칭한다. 그런 점에서 로마는 일찍이 공화국을 대표하게 되었다. 로마의 공화정 시대가 오늘날의 공화국 논의의 원형에 해당되는 것임에는 틀림없다. 민회와 원로원과 집정관(1명에서 여러 명)으로 이루어진 정치체는 평민이 기초가 된 민회도 있고, 귀족들의 의결기관인 원로원도 있고, 또 군주는 아니지만 군주와 같은 권한을 가진 집정관을 민회와 원로원이 선출하도록 함으로써 강력한 국가를 이루고 역사상 최장기간의 제국을 건설한 문명국가의 전형이 로마였던 것이다.

근대 초기의 서양사회를 보면 대부분 군주국이었지만 이태리나 스위스에는 조그만 공화국의 모습이 있었다. 이 시대를 대표하는 공화론자가 마키아벨리다. 이들 작은 공화국도 내용을 들여다보면 공화국 명칭의 특징을 잡아내기가 곤란하다는 것이다. 베니스는 소수의 세습적인 귀족집단이 국민 다수에게 절대권력을 행사하고 있었으며, 네덜란드는 최고권위의 어떤 부분도 국민들로부터 나오지 않았으며, 귀족정치와 군주정치의 복합체 중에서 최악의 경우인 폴란드 등 이들은 모두 한결같이 공화국이라는 호칭을 사용했음에도 불구하고 사실은 이러했다는 것이다. 군주국의 전통을 가진 영국에 대해서도 빈번히 공화국의 반열에 올려놓았던 것이다. 이렇듯이 공화국의 용례는 부정확한 것이었다. 미국 헌법의 기초자인 매디슨(James Madison)은 이런 문제점을 파악한 다음 자신만의 공화국 개념을 다음과 같이 규정하였다. “공화국이란 직접 혹은 간접으로 그것의 모든 권력을 국민의 다수로부터 얻으며, 제한된 기간 동안 기쁨에서 우러나온 선한 행동으로 공직을 수행하는 사람들에 의해 통치되는 정부이다. 이와 같은 정부는 필수적으로 소수의 구성원들이나 특권층이 아닌 그 사회의 다수로부터 나오는 권력에 의존하여야 한다.” 이처럼 매디슨이 강조한 공화국은 국민이 직간접으로 선출한 대표자 정치, 임기를 정한 공직수행을 핵심내용으로 보고 있다.[8] 매디슨은 공화국의 우수성을 강조한 것으로 유명하다. 그는 작은 조직에서 파벌(faction)의 문제점에 주목하였다. 파벌이란, 전체의 다수이건 소수이건 다른 시민의 권리 또는 지역사회의 영구적이며 전체적인 이익에 역행하는 어떤 공통된 열정 또는 관심의 충동으로 단결되어 행동하는 사람들이라고 규정하였다. 그는 파벌의 원인 제거에 고심했는데 파벌의 잠재적인 원인은 인간의 본성에 심어져 있기 때문에 파벌의 원인은 제거될 수 있는 성격의 것이 아니라고 결론을 지었다. 다만, 파벌의 영향을 조정하는 방법에 의해서 치료할 수밖에 없는데, 이에 관한 대책으로 민주주의는 해결책을 제시할 수 없다고 보았다. 민주주의는 언제나 소란과 분쟁의 연속이었고 개인의 안전과 재산권과는 거리가 멀었을 뿐만 아니라 일반적으로 그 생명도 짧았다고 한다. 그래서 공화국을 선호하기에 이르렀다. 민주주의와 공화제간의 가장 큰 두 가지 차이점은 첫째, 공화제의 경우 시민이 선출한 소수의 대표에게 정부를 위임한다는 사실이다. 둘째, 공화제는 더 많은 수의 시민들과 더 넓은 범위의 국가로 확장될 수 있다는 점이다. 선출된 대표자 집단의 현명함은 대중의 의견을 훌륭하게 분별해낼 것이며, 그들의 애국심과 정의에 대한 애정은 그들의 국가를 일시적 또는 부분적 이유 때문에 희생시킬 가능성을 가장 낮게 해준다고 확신하였다. 대표를 통한 목소리가 국민의 직접적인 의견보다 공

8 해밀턴, 제이, 매디슨, 김동영 옮김, 『페더럴리스트 페이퍼』(서울: 한울아카데미, 1995), 39장, 235–236쪽.

익에 더욱더 조화될 수 있으리라고 보았다.[9]

물론 매디슨의 이와 같은 주장에 전적으로 동조할 수는 없다. 왜냐하면 우리는 매디슨보다도 다시 200년 이후의 정치 사회를 살고 있기 때문이다. 민주주의는 현재 공화주의를 포괄할 정도로 좋은 정부의 대명사가 되었다고 할 수 있다. 민주주의는 자신의 약점을 여러 제도를 통해서 보완해서 오늘에 이르렀기 때문에 공화주의와 민주주의, 공화주의와 자유주의는 매우 혼재된 상태라 할 수 있다. 제한선거를 행했던 미국의 당시 수준의 이론이 우리가 살고 있는 보통선거 시대의 사회에 온전히 타당할 수는 없을 것이다.

헌법학에서는 '공화국은 군주국이 아닌 국가형태'라는 소극적 개념규정으로 그치고 있다. 세계적으로도 공화국의 용어는 그렇게 통용되고 있다. 그런데 공화국이 무엇이냐는 적극적 개념해명 작업은 생각보다 난해하다. 정치철학자들은 오랫동안의 공화국 변천사에 대한 연구를 통해서 공화국의 개념을 적극적으로 찾고자 했다. 이들의 주제가 바로 공화주의(republicanism)이다.

제2차 세계대전 이후 독보적으로 정의론을 개척했던 롤스는 영미 사회에 공리주의에 기반을 둔 자유주의를 극복한 자유주의적 공화주의의 길을 텄다. 이후의 샌델도 공동체주의가 강한 공화주의의 길을 걸었다. 특히 1990년대 동유럽몰락과 함께 자유주의가 우세하고 공동체주의가 열세에 놓이는 가운데 공동체주의가 기반하고 있는 아리스토텔레스적 전통과는

---

9 해밀턴, 제이, 매디슨, 위 책, 10장.

달리 개인적 자유와 시민적 참여가 대립되지 않는 로마의 전통이 있다는 지적과 함께 공화주의 논의가 대두되었다. 이런 지적은 스키너가 처음 제기하였고, 이를 체계적으로 정리하고 발전시킨 사람은 페팃이다. 이들과 같이 로마 공화국에서 공화주의의 기원을 찾는 입장을 '신로마 공화주의'라고 부른다. 여기에 이탈리아의 비롤리와 프랑스의 스피츠 등이 가세함으로써 새로운 공화주의 논쟁이 시작되었다.[10] 공동체주의는 자유주의가 취하는 지나친 원자론적 개인주의에 반대하여 공동체를 강조하는 입장이다. 공동체주의는 아리스토텔레스의 '정치적 동물' 테제를 확대 적용하거나 시민적 덕성과 시민의 적극적인 정치참여를 강조하는 르네상스 시민적 인문주의(civic humanism)의 전통을 계승한 공동체주의는 시민적 공화주의(civic republicanism)로 분류된다. 시민적 공화주의가 선험적이고 자연발생적인 연대감을 지나치게 강조함으로써 개인의 자유를 파괴하고 다양성을 해칠 수 있다는 비판을 받아들여 아리스토텔레스가 아니라 로마공화국으로부터 공화주의의 전통을 찾아야 한다고 주장하는 신로마 공화주의자들은 개인의 자율성과 공공선의 추구를 조화시키려는 자유주의적 공화주의(liberal republicanism)에 속한다. 페팃은 후자에 속한다. H. 아렌트, A. 매킨타이어, C. 테일러, M. 왈쩌, M. 샌델, J. 포콕이 전자 즉 시민적 공화주의에 속하며, 후자는 신로마공화주의자와 C. 선스타인 등이 속한다.[11]

---

10 곽준혁, 『경계와 편견을 넘어서』(파주: 한길사, 2010), 30쪽 각주3.

11 곽준혁, 위 책, 31쪽 본문 및 각주 참조. 신로마 공화주의의 등장은 신자유주의의 확산이라는 흐름 속에 시민적 삶의 질적 추락에 대한 불만과 시장경제의 지구적 고도화라는 흐름 속에서 복지를 위한 국가의 역할이 제고되어야 한다는 요구에 대한 하나의 응답이다.

공화주의에 대한 탐구는 공화국의 개념과 특징을 보다 풍부하게 해 줄 것이다. 현대 공화주의 학자들의 견해를 중심으로 공화국의 필수요소들을 먼저 알아보고자 한다. 연후에는 당연히 우리나라가 처한 공화국의 과제를 제시해볼 것이다.

(2) 공동선, 비지배적 자유

그렇다면 공화국은 어떤 모양의 국가인가? 공화국(republic)의 본래 뜻은 res publica라 했다. 공적인 것, 혹은 인민의 것이란 뜻을 담고 있다. 구성원들의 공존방안을 마련한 구성체로서의 국가가 공화국인 것이다. 구성원들의 공존방안은 공동선(common good)과 정의를 추구 할 것이다. 공동선이나 정의는 무엇일까? 없는 것은 아니지만 이것을 구하기란 쉽지 않다. 그래도 기나긴 역사 속에서 공동선과 정의는 많이 논의되었고, 많은 합의점을 찾았다. 합의된 내용들이 법과 제도로 반영된 것이 많다. 서양역사를 통해서 보면 자유의 가치가 최우선이었던 것을 볼 수 있다. 군주에 대해서는 귀족이 자유를 위해 반기를 들었고(마그나카르타), 군주와 귀족에 대해서는 평민들이 반기를 들었다. 우선 도시의 시민이었던 상공업자들이 자신들의 자유로운 상거래와 무역을 위해 자유를 요구하였다. 더 많은 부를 축적한 뒤에는 이들 시민들이 군주의 권력을 제한하거나 타도해서 의회의 시대를 열었다. 이와 함께 자유주의시대가 열렸다. 자유주의 시대는 자연법과 천부인권을 전면에 내걸고 근대 자유주의국가를 발전시켰다(로크와 권리장전의 시대). 선거권 확대는 계속되어 오늘날 보통선거의 시대로 접어들었다.

자유로운 거래와 사적 활동을 위하여 이들이 요구한 것은 국가의 간섭을 배제하는 것이었다. 자유권이란 국가권력의 간섭이 없는 상태를 의미하였다. 국가의 간섭을 받지 않기 위해서는 국가보다 더 높은 최고 권력자가 되어야 한다. 최고 권력자 이외에는 간섭과 자의적 지배에서 벗어날 수가 없기 때문이다. 그래서 국민들이 최고 권력자가 되었다. 군주주권시대에서 국민주권시대로 이행한 것이다. 초기의 제한된 국민들만 누리던 최고 권력은 이제 모든 민중들에게 이전되었다. 이렇게 자유권은 더 많은 민중들에게로 확장되었다. 자유의 예외 없는 보장은 결국 평등의 개념으로 귀결된다. 평등이 보장될 때 비로소 전체의 자유가 거론될 수 있기 때문이다.

이렇게 자유는 평등이 이루어질 때까지 확장되기 마련이다. 이렇게 민주주의는 계속 확대되어 왔다. 자유와 평등이 실현될수록 주권자의 수는 많아지고 이들은 자신의 자유와 권리가 충분히 보장될 수 있는 방안을 찾게 된다. 공존의 방법을 모색하는 것이다. 자신의 이익과 행복과 안전을 지키면서 동시에 남과 함께 공존할 수 있는 방식은 결국 합의에 의한 법치주의로 나타난다. 자신이 동의할 수 있는 법이라면 그 법 아래에서 자신의 자유를 누릴 수밖에 없다는 것을 알게 되는 것이다.

이러한 과정을 거쳐 자유는 이제 무조건적인 국가권력에 의한 간섭의 배제만이 아닌 법에 의한 자유를 뜻하게 되었다. 즉, 자유는 자의적 지배가 아닌 비자의적 지배 하에서의 자유로 바뀌게 된다. 이것이 비지배적 자유(liberty as non-domination) 자유이다.[12] 공화국은 구성원들이 예속이 아닌 진정한 자유인이 되어야 하는 것이 제일 원칙인 것이다. 서양에서는 물론 동양에서도 이것은 당연히 받아들여야 할 것이다. 자유인이 되는 것은 국가는 물론 사회 전 분야에서 이루어져야 한다. 정도의 차이는 있을 수 있다. 어떤 분야는 여전히 봉건적 유습이 강할 수 있다. 그런 한에서 자유가 존재하지 않을 것이고, 존재하더라도 예속에 가까운 자유만 가질 것이다. 이런 것을 지속적으로 청소해가는 것이 공화국을 만들어가는 것이다. 이 분야는 너무나 넓어서 국가가 모두 감당할 수 있는 것이 아니고, 사회 곳곳에 있는 국민들의 과제라 할 수 있다. 이렇게 하는 것이 레스 푸블리카의 이상은 어느 누구도 굴종하지 않도록 하고 어느 누구에게도 주종적 지배를 허락하지 않는 공동체라는 예나 지금이나 공화주의적 유토피아의 핵심에 부합한다.[13]

이렇듯 공화주의의 핵심에 자유가 있다. 그렇기 때문에 공화주의와 자유주의의 관계에 대한 의문이 제기된다. 자유주의는 국가나 타인들의 간섭으로부터 개인을 지켜내는 데에서는 엄청난 성공을 거두었다. 그렇지만 자유주의는 힘 있는 자의 지배적·특권적 지위 즉 타인을 예종시키거나 법 앞의 평등에서 예외적 대우를 받는 것에 대해서는 눈감아 왔던 것이 사실이다. 그래서 자본주의와 결부된 자유주의는 "법은 가진 자의 착취수단"이라든가 "국가는 자본가의 지배수단"이라는 비판을 받는다. 자유주의는 자유의 개념을 '간섭의 부재'라고 단순하게 보았기 때문에 이런 문제에 대해 대처하기가 마땅치 않았다. 비롤리는 공화주의와 자유주의의 관계는 일종의 파생관계이며 원작(原作)과 개작(改作)의 관계로 설명한다. 자

12 퀜틴 스키너는 '비종속적 자유'(liberty as independence)로, 필립 페팃은 '비지배적 자유'를 더 즐겨 사용하였다.

13 모리치오 비롤리, 김경희·김동규 옮김, 『공화주의』(고양: 인간사랑, 2012), 120쪽.

유주의는 자신의 주요한 원리들, 특히 절대국가에 반대하여 제한국가를 옹호해야 한다는 원리를 공화주의에서 물려받았는데, 이러한 점에서 자유주의는 공화주의에서 파생된 교의로 보고 있다.[14]

비지배적 자유를 확보해야만 우리는 공화국을 이룰 수 있다. 비지배적 자유를 확보하기 위한 투쟁은 곳곳에서 벌어지고 있다. 입법투쟁, 사법투쟁이라 할 수 있는 영역에서 우리는 많이 자유와 평등을 이루고 그래서 민주화가 되었다. 시대에 우리는 예속 상태가 많다. 예속은 법치주의가 발전한 만큼 없어진 것도 많지만, 여전히 가득 차 있다. 왕조문화의 탓도 크다. 사회적 폐습을 제거하지 않으면 안 된다.

(3) 법치주의

공화주의의 핵심을 자유, 특히 비지배적 자유로 파악하는 것은 법치주의의 이념과 정확히 일치한다. 법치주의는 "군주도 법 아래에 있다."는 표현과 같이 의회의 법률이나 법원의 판례의 구속력에서 예외가 없음을 선언하는 것이다. 루소의 경우도 법치주의를 강조했다. "자유로운 인민은 복종은 하지만 예종은 하지 않으며, 지도자는 두지만 주인은 두지 않는다. 자유로운 인민은 오직 법에만 복종하며, 타인에게 예종하도록 강제될 수 없는데, 이것은 법의 힘 때문이다."라고 하면서 자유란 모든 사람에게 똑같이 제한을 가하는 법에만 복종하는 것을 뜻한다고 보았다.[15]

---

14 모리치오 비롤리, 위 책, 125–127쪽.

일찍부터 법치주의는 공화국의 핵심내용을 이루었다. 공화국이 공동선을 추구하는 정치체인데, 구성원들이 모여 공동선을 강구하는 것은 많은 토론을 통할 것이다. 공존의 방식을 논의하다보면 결국 정의론을 탐구할 것이다. 정의론도 만만치 않은 영역이지만, 정의론이 곧 현실의 실천기준이 되는 것은 아니다. 현실은 정의론을 다시 구체적으로 변형하여 적용할 수 있는 기준으로 변형되어야 한다. 그렇게 만들어지는 것이 법이다. 법은 정의 그 자체는 아닐지라도 정의를 최대한 담는 현실의 기준으로 제시된다. 다만 법의 특징은 강제력을 동반한다는 점이다. 이제 법은 강행성을 갖고 집행된다. 집행되는 과정에서 잘못이 발견되면 개정 내지 폐지의 과정은 거치게 되지만 일단 제정되면 강행성을 갖게 된다. 그렇게 해서 로마는 서양 역사에서 가장 법치가 발달한 나라가 되었다. 그런 점에서 공화국과 법치는 함께 가는 것이라고 볼 수 있다. 우리 헌법에서도 "대한민국은 민주공화국이다."라는 규정은 곧 대한민국은 법치주의 국가를 지향한다는 것을 선언한 것과 같은 말이 되는 것이다.

국민의 자유와 권리의 확장은 민주주의의 과정이기 때문에 자연스런 흐름이다. 하지만 이런 민주주의의 확대가 방만하게 흐르지 않도록 정리하는 것은 정치가 해야 할 일이다. 이것을 정리하는 기준이 공공성이다. 민주주의의 확대과정에서 공공성을 확보하지 못하면 민주주의의 결함이 나타난다. 즉 중우정치 혹은 폭민정치라 불리게 되는 것이다. 민주주의가 공공성을 제대로 확보한 나라가 바로 민주공화국인 것이다. 민주주의가

15 모리치오 비롤리, 위 책, 44쪽.

공공성을 확보하는 방법은 그 사회의 공동선과 정의를 민주적 방식에 의해서 찾는 것이다. 그 결과 공동선과 정의를 발견한 경우 이것은 사회적 합의로 진행될 것이고 사회적 합의는 계약의 형태 즉 법으로 귀착될 것이다. 그래서 수많은 법들이 제정되기에 이른다. 법은 규범의 체계를 이루기 때문에 상위법과 하위법이 있고, 일반법과 특별법이 있다. 최고법은 헌법이다. 군주시대나 과두제 시대의 법은 민에 대한 수탈과 착취의 성격도 많았지만, 법치주의의 역사는 오늘날 국민들에게 자유를 주는 기반이 되고 있다. 법치주의는 흔히 영국의 법의 지배(rule of law)와 독일의 법치국가(Rechtsstaat)의 두 갈래의 발전과정이 있었지만, 발전경로는 달랐지만 오늘날은 모두가 바람직한 법치주의로 발전되었다. 물론 지금도 법치주의는 결함이 남아있고 그런 한에서 자유를 제약하는 문제가 있을 것이다. 그렇지만 그런 법에 대해서는 조만간 문제제기가 되기 때문에 그에 따라 바르게 시정되어 가고 있다. 바른 법을 만들어가는 데는 직접민주주의를 비롯해서, 대의제 형태의 국회와 정부와 법원 그리고 헌법재판소가 합동해서 이에 참여한다.

민주공화국을 위한 장정의 전반부가 국민주권과 민주주의의 동력으로 추진되었다면, 이제 공공성의 고비에서 법치주의와 임무교대가 이루어진다고 할 수 있다. 법치주의는 민주공화국의 장정의 후반부를 끌어가는 동력이 되는 것이다. 우리 민주공화국의 장래는 법치주의자들의 입헌민주주의에 대한 헌신 즉 공정한 정치질서의 복원에 대한 헌신에 달려있다.[16] 법

16 정태욱, 『정치와 법치』(서울: 책세상, 2002), 78–79쪽.

치주의는 인류의 시작과 더불어 발달해왔다. 법이 없이는 공동생활이 불가능하기 때문이다. 사람은 정치적 동물이라는 말이 있듯이, "사회 있는 곳에 법이 있다."는 격언이 있다. 노예시대의 법, 왕조시대의 법, 봉건시대의 법은 법의 발전단계에서 미흡한 형태였다. 근대 시민국가의 법은 많은 사람들에게 자유를 주었다. 하지만 여전히 마르크스는 법을 지배자의 착취수단이라고 비판하였다. 그 후에도 정치와 법은 더 발전해서 오늘에 이르렀다. 법은 여전히 지배자의 것으로 비쳐진다. 유전무죄 무전유죄가 현실의 법의 모습으로 나타날 때가 많기 때문이다. 하지만 다른 한편 법은 힘없고, 빼앗긴 사람들에게도 큰 힘이 되고 있다. 인권의 지지대가 되고 있는 것이다. 또한 법은 국제적인 단계까지 부각되어 있다. 국제간 합의는 전쟁을 억지해서 평화를 보장하고 인종과 종교의 차별을 최소화하는 장치로 기능하고 있다. 여전히 국가 단위의 세계를 벗어나지 못했지만 헌법은 국가이익만 추구하는 것이 아니라 보편적 규범인 천부인권을 보장하고 있다. 헌법을 매개로 하여 전 세계가 소통하고 공화적 세계국가의 가능성을 열어놓고 있다. 어쨌든 부족하기는 하지만 헌법은 이 시대의 시민종교로 부각된다. 특히 미국에서 헌법은 이런 기능을 하고 있다. 헌법은 인류문화의 유산이라는 점을 인식하는 것은 중요한 일이다.[17]

17 강경선, 『헌법전문 주해』(서울: 에피스테메, 2017), 25−40쪽.

(4) 대의제

공화국, 공화주의에 대한 개념규정은 난해한 것으로 남아있다. 매디슨의 경우도 공화주의를 정의하려 했지만 민주주의와 많은 혼돈을 피하지는 못했다. 과거의 아리스토텔레스나 키케로의 경우는 물론이고 근대의 마키아벨리, 몽테스키외의 법의 정신에서도 확실치 않다. 현대의 외국학자, 우리나라의 헌법학자들도 이 문제와 씨름을 했지만 명확하게 제시된 바는 없다.[18] 그에 비해서 공화주의 학자 비롤리의 입장은 공화주의 개념에 대해서 상당히 명확한 입장을 취하고 있다. 백과사전에서 요약된 설명이나 공화주의에 대한 연구자들의 설명의 공통부분을 모아보면 공화주의가 무엇인지에 대해 어느 정도 윤곽이 잡힌다.

공화국은 직접민주주의도 허용하지만 대의제를 보다 중시한다. 이것은 직접민주제를 무시하는 것이 아니라, 현실적으로 민주주의에 의한 합의를 모아가는 방식이 종국적으로 대의제를 통하지 않으면 의견합의가 어렵다는 점에서 대의제를 택하는 것이다. 생각해보면 고대 그리스가 민주주의로 표상되지만 당시의 도시국가의 규모가 남성 기준으로 1천 명 남짓하거나 좀 큰 폴리스였던 아테네나 스파르타의 경우에도 남성 몇 천 명에 이른 것이다(아테네의 경우 모든 시민이 참여하는 민회의 정원이 6천 명이었다). 이 규모

18 이국운, "대한민국 헌법 제1조의 한 해석", 『법과 사회』 45, 2013; 한상희, "민주공화국의 의미" 『헌법학 연구』 9권 2호, 2003; 김선택, "공화국원리의 한국헌법의 해석", 『월간법제』, 2008.9; 신용인, "민주공화주의에 대한 헌법적 고찰", 『법학논총』 28(3), 2016. 국민대학교 법학연구소; 곽준혁, 『경계와 편견을 넘어서』, 한길사, 2010.

를 훨씬 초과하고 있는 오늘날의 국가 단위에서 직접민주제를 시행한다는 것은 무모한 일이고, 비효율이 예상된다. 물론 대의제를 보완하거나 견제하기 위한 정도의 직접민주제라면 배제할 이유는 없을 것이다. 직접민주제는 오늘날 작은 지방자치단위에서 그것도 매우 중대한 사안이 경우에 한하여 채택할 수 있는 것이라는 점을 기억해야 한다.

이런 설명이 직접민주제를 약화시키는 것과는 다르다. 주권자의 참여라는 직접민주주의는 우리의 일상생활과 여가 속에서 수없이 실천할 수 있는 것이다. 모든 생업 가운데 이루어지는 조직 생활에서도 크고 작은 헌법과 민주주의의 실현은 단절 없이 이루어진다. 또한 가외의 여러 결사체를 통해서도 이런 정치활동은 섞여서 진행된다. 때로는 이보다 더 적극적으로 시민단체를 만들거나 참여해서 정부에 직간접적으로 영향력을 행사할 수도 있다. 그것도 성에 안차면 마침내 본인이 공직에 진출하는 길을 모색할 수도 있다.

그렇다면 결국 국민들은 손쉽게 관리 가능하지 않은 큰 단위인 사회나 국가에서는 대의제를 피해갈 수 없다. 대의제는 구성원인 국민이 선출한 대표자를 통한 정치제도이다. 선출이란 점에서 엘리트 정치를 뜻한다. 엘리트란 어의에서 보듯이 대표자는 유권자를 초월하는 지위를 갖게 된다. 모든 선출자는 일반 국민들이 갖지 못하는 권한을 갖게 된다. 바로 이 지점에서 국민들은 대표자와 유리되고 자칫하면 대표자로부터 소외될 수 있다. 설사 그런 경우라 해도 안심할 수 있는 것은 대표자는 임기제로 운영된다는 것이다. 정말 자신의 마음에 들지 않는다면 다시는 그런 사람을 뽑지 않으면 된다. 그래서 유권자는 대표자를 잘 뽑아야 한다. 그런데 선거제도는 여러 가지로 유권자의 선택을 교란시키는 것이 사실이다. 때로는 협박, 금전수수, 허위선전 등등을 동원해서 대표자가 되는 경우가 역사가 보여준 사실이다. 그래서 이런 오류를 최대한 방지하기 위해서 선거법은 지속적으로 개정되고 있는 영역이다.

대의제는 역사 속에서 많이 논의된 혼합정부의 장점을 취하고 있다. 아리스토텔레스나 키케로, 로마의 공화정, 몽테스키외, 현대의 미국정부의 매디슨에 이르기까지 가장 바람직한 공화국은 군주정(monarchy)과 귀족정(aristocracy), 다수정(democracy)의 장점을 혼합한 정부형태를 취하고자 하였다. 예컨대 로마의 집정관이나 현대의 미국의 대통령은 임기제로 운영되는 군주제에 비유될 수 있다. 군주제라고 언급하는 순간 우려될 수도 있지만, 그렇다고 걱정할 일은 아니다. 군주 역할에 해당하는 집정관은 국정에 관한 지휘권을 가진다. 정치적 수완을 발휘해서 임기동안 최대의 정치적 효과를 산출할 것이 기대되는 자리다. 선출된 자(엘리트) 즉 대표자들은 임기를 가진 귀족이 된다. 귀족들은 자신들의 이익에도 집착하지만 조직운영에 대한 전문성과 책임감이 있다는 것이 장점이다. 그리고 이들 대표기관들 사이에 상호 견제와 통제를 하게 함으로써 국민들의 자유와 권리를 보장하는 것이다. 오늘날은 대표제는 다수가 주권자인 민주주의를 기조로 해서 운영되며, 또한 임기를 두고 있고 대표자의 권한사용에는 헌법과 법률, 법령에 의한 제한이 따르기 때문에 권력남용과 독주는 매우 힘들다. 중요한 것은 혼합정으로서의 대의제를 통해서 효율성과 능력을 발휘하여 멋진 국가를 만드는 목표를 달성하는 일이다.

(5) 권력분립원리

고대의 공화론자에서 마키아벨리까지도 공화국은 혼합정체가 바람직한 것으로 보았다. 그 당시 사회가 아직 군주나 귀족들이 존재하던 시대에서 일반 민중들의 정치참여를 반영한 것이 오히려 의아할 정도다. 하지만 그들은 민중들만의 다수제(오늘날의 민주주의)는 물론이고 군주, 귀족 어느 한 집단에 의한 정체를 원하지 않았다. 대신 혼합해야 한다고 했다. 이것은 곧 어느 하나의 순수집단만에 의한 정치체제를 불신한 것이다. 군주제는 참주제로, 귀족제는 과두제로, 다수제는 폭민정으로 변하게 된다는 것이다. 이 점에서 혼합정체의 요체는 바로 권력집단 간의 상호 견제에 있었던 것이다. 20세기에 들어선 오늘날 전 세계는 민주주의를 기본으로 하고 있다. 하지만 이 가운데서도 대의제라는 형태를 통해서 정해진 임기동안 이나마 군주와 귀족, 평민간의 기능 분담과 상호 간의 견제를 할 수 있는 정부형태를 꾀하고 있는 것이다. 이처럼 공화국을 혼합정체로 파악의 핵심원리가 대의제에 있다면, 대의제를 성공적으로 운영하여 최종적으로 국민들에게 행복과 자유를 보장하게 하려면, 대의제의 각 기관들과 대표자들이 자신의 권한을 남용하지 않도록 하게 만드는 것이다. 권한 남용에는 권한 방기까지 포함한다. 위법한 과도한 권한 행사도 안되고, 주어진 책임을 방기하는 것도 방지해야 한다. 직권남용과 직무유기는 공직자가 자기 책임을 수행하지 않은 것에 대한 문책으로 같은 범주의 것이다.

권력분립원리는 이미 성공한 고대의 정체에서도 발견되고 있지만, 이것을 잘 정리한 학자는 몽테스키외이다. 몽테스키외는 법의 정신을 통해 권력분립원리를 특별히 강조하였다. 프랑스 인권선언 제16조에서 권력분립이 되지 않은 나라는 헌법이 없는 나라라고 단언한 것도 결국 국민의 자유를 보장할 수 없는 나라는 공화국이 될 수 없다는 말로 이해된다. 그런 점에서 권력이 1인 혹은 하나의 기관에 집중된 정부형태는 권력분립이 없고 견제가 불가능한 결과 실질적인 공화제는 불가능하다는 결론에 이른다. 권력분립원리는 무엇인가? 오늘날은 몽테스키외의 이론보다는 훨씬 발전하여 매우 세부적인 관점에서 권력분립원리의 실현을 꾀하고 있다. 대부분의 헌법교과서들이 잘 정리하고 있듯이 수평적 권력분할과 수직적 권력분할 등으로 현대 국가에서는 권력 간에 수많은 견제와 균형을 시도하고 있다. 수평적 권력분할은 입법, 집행, 사법권 사이의 권력분립 장치이다. 그리고 각 기관에서도 다시 수평적인 권한분배를 통해 조직 상호 간에 견제와 균형장치를 마련하고 있다. 한편 수직적 권력분할은 크게는 연방제 국가에서는 연방정부와 주정부와의 관계, 단일 국가의 경우 지방자치제를 통한 중앙정부와 지방정부와의 권력분립, 그리고 각 부서마다 상하 직급에 별도의 권한을 부여함으로써 상호 간의 직무상의 견제와 균형을 이루고자 한다. 임기제도 수직적 권력분립의 예로 본다.

(6) 공존의 논리

롤스는 다양한 사람들의 정치적 공동체를 희구하였다. 그에게 국가란 동일한 목적 아래 모인 결사체(association)도 아니고 포괄적 교리에 입각한 공동체(community)도 아니다. 국가란 '사회적 연합체들의 사회연합'(the social union of social unions)으로서, 거기에는 사회의 여러 목적과 신념들을 보호하면서 또 그것을 초월하는 상위의 질서가 필수적인데, 바로 이것이 정치적 영역이 되는 것이다. 롤스의 정의론은 관용의 정신을 정치철학적으로 구현하고 있다. 그에게 정치란 사회의 제반 이데올로기적 갈등에도 불구하고 흔들리지 않는, 그리고 보호되어야 하는 상위의 질서, 이를테면 대립하는 세계관들 사이의 충돌을 완화하는 일종의 '공동경비구역(JSA)'과 같은 것이다.[19] 이와 같은 공화주의 정신을 반영한 정치는 플라톤의 국가관과 대립할 수밖에 없다. 정치는 결코 진리에서 유래하지 않는다. 정치를 철학의 산물인 진리에 의한 것이라고 파악하면 정치는 말과 설득이 아닌 다른 방식으로 타인의 동의를 강압적으로 이끌어내려는 시도로 나아갈 것이다. 이런 시도는 결국 정치의 붕괴로 이어진다. 철학적 진리나 이데올로기적 확신에 기초한 정치는 결국 일방통행을 할 수밖에 없으며 현실에서는 모두 전제정치로 귀결되었다. 진리는 모든 사람들에게 적용될 것이라는 철학자들의 믿음은 인간을 획일적으로 만들며 결국 단수로서의 인간(man in singular)으로 파악한다. 그러나 어떤 정치적 사건을 경험하고, 그 경험에 대해 서로 이야기를 하면서 자신과 남의 경험을 의미 있게 만들고 나누는 것은 항상 '복수로서의 인간'(man in plural)인 것이다.[20] 독일과 우리나라 방어적 민주주의 혹은 전투적 민주주의라는 이름으로 헌법상의 정당해산의 요건이 되는 '자유민주적 기본질서'도 상대방과 대화를 거부하고 일방통행으로 자신의 목표를 관철시키는 극우와 극좌의 입장을 배제하겠다는 점에서는 공화주의 입장이 될 수 있다. 다만 성공적인 공화주

19 정태욱, 『정치와 법치』(서울: 책세상, 2002), 53-54쪽.

20 김선욱, 『정치와 진리』(서울: 책세상, 2001), 50-51쪽.

의라면 극단적 정치적 입장이라도 그 배제를 법적 수단에 의한 강행이라는 방법은 최대한 피하는 것이 바람직할 것이다. 하지만 가상으로 바이마르공화국과 같은 정치의 양극단화(나치와 공산주의) 현상이 나타나는 경우에는 국가가 적극적으로 방어하는 것이 필요할 것이라고 본다. 자유민주적 기본질서는 우리나라에서는 정치탄압의 법적 근거로 악용되는 경향을 띠었지만, 적어도 그 개념만큼은 역사적 경험의 소산인 것은 분명하다.

공화주의 사상가들은 공공선을 추구하는 가운데서 발생하는 사회적·정치적 갈등에 대해 그것이 시민적 삶의 제한범위 내에서만 이루어진다면 결코 두려워하지 않는다. 공회당에서 이루어지는 정치적 수사(rhetoric) 간의 충돌이 갖는 가치를 높게 평가한다. 스키너, 비롤리 등의 신공화주의자들은 객관적인 정답을 찾는 정치학이 아닌 자신의 주관적 입장을 효과적으로, 그리고 흥미롭게 피력하는 '말하는 기술', 즉 레토릭적인 정치학을 부활시켜야 한다고 믿는다. 이런 논쟁들은 진리의 확인이나 증명을 목적으로 하는 철학적 논쟁으로 간주해서는 안되며, 정치적으로 분명히 편이 갈리는 이해와 생각들 사이의 쟁투로 생각해야 한다고 본다.[21]

이렇게 공화주의는 적어도 정치공간에서는 모든 사람들이 평등한 관계로 자신이 정견을 자유롭게 나누는 것을 상정한다. 이런 대화가 가능하려면 우선 지나치게 서열문화로 얽혀진 동양의 봉건적 문화가 타파되어야 한다. 지금도 우리 사회 곳곳에 남아있는 갑을관계, 서열문화가 빚는 반공화주의적 요소는 시급히 벗어나야만 된다. 헌법 전문에서도 '사회적 폐습'

21 모리치오 비롤리, 위 책, 121–122쪽.

을 타파하자고 했음을 기억하자.

다른 한편 개인과 사회의 다양성 속의 정치추구를 다원정치라 하는데, 공화주의는 다원주의와는 비판적 입장의 관계에 선다. 다양성이 공존하는 정치문화는 유한적 세계관이 필요하다는 견해도 설득력이 있다. 위에서 본 바와 같이 절대적 세계관이 강하면 정치에서 일방적 관철만 있지 상호 간의 대화가 불가능하게 될 것이다. 그래서 절대적 세계관, 무한적 세계관은 개인 차원에 국한하되, 정치공간에서는 상대적 세계관, 유한적 세계관이 전제되어야 상대방에 대한 존중과 경청 속에 자유로운 대화가 이루어질 것이라고 본다. 이것이 보다 더 공화주의적 정치에 부합된다고 보인다.[22]

(7) 시민의 덕성

국가가 번듯하게 서기 위해서 꼭 필요한 것이 시민의 덕성(civic virtue)이다. 반듯하고 굳건한 풍요로운 국가를 공화국이라 한다면 공화국시민은 그에 상당한 품성을 갖추고 있어야 한다. 헌법 전문에서도 "자율과 조화를 바탕으로 자유민주적 기본질서를 더욱 확고히 하여 정치 경제 사회 문

22 윤원근, 『동감신학』(서울: 한들출판사, 2014), 316쪽. "민주주의형 인간은 무엇보다도 스스로의 유한성을 깊이 고려하는 그런 인간이다. 그는 자아도취에 빠지지 않고 자신의 내부에서 견제와 균형을 유지하려고 부단히 노력하는 인간이며, 나아가서 자신의 유한성으로 인해 불가피하게 다른 사람의 도움을 필요로 하는 동시에 견제도 받아야 한다는 사실을 잘 알고 이를 기꺼이 용납하는 인간이다." 이 표현은 함께 공동선을 추구하는 공화시민의 상이라 할 수 있다.

화의 모든 영역에 있어서 각인의 기회를 균등히 하고, 능력을 최고도로 발휘하게 하며, 자유와 권리에 따르는 책임과 의무를 완수하게 하여"라는 표현으로 국민들의 자율과 조화가 기본이 된 사회발전 위에서 자유와 권리의 보장을 하지만 책임과 의무를 완수해야 함을 표현하고 있다.

공화국과 공화시민의 덕성은 선후관계를 논할 수 없이 함께 성장하는 것이다. 분명한 것은 한 국가의 정치수준은 국민의 수준과 비례한다는 것이다. 일시적으로는 예외가 있을 수 있지만 국민들의 안목과 능력에 부합되지 않는 정치체제는 지속되기 어려울 것이다. 대의제 국가에서 대표자로 뽑힌 공직자들은 우선 국민에 의한 선출을 거친다는 것이고, 둘째 대표자가 유권자의 능력보다 우수한 사람이라 할지라도 그가 유권자들이 도무지 감당할 수 없는 것을 거슬러가며 일을 진행시키기는 곤란하다는 것이다. 수많은 제도들이 국민들의 정서를 봐가면서 높낮이를 결정하게 되는 것이다. 대법원에서 아무리 소수의견을 가진 대법관이라고 하더라도 국민의 법인식과 법감정이 전혀 뒷받침해주지 않는 경우에는 어찌할 도리가 없는 것이다. 그래서 훌륭한 정책결정을 위해서는 국민들의 일정 범위가 지지층을 형성해야만 하는 것이다.

대의제에서 공직자와 유권자인 일반 국민들과의 상호관계를 이같이 정리하는 것 외에도, 국민들의 일반적인 공화시민으로서의 덕성이 절실한 이유는 다음과 같다. 이 설명을 이해하기 위해서 먼저 프로슈머(prosumer)라는 단어를 제시하고자 한다. 이 단어는 일찍이 미래학자인 토플러가 사용했던 것으로 기억되는데 생산자와 소비자를 합친 즉 생비자(生費者)로 번역되는 말이다. 그가 예측했듯이 최근 들어서 확연해진 것은 국민들은 단역으로 그치는 것이 아니라 다역의 출연자로 사회생활을 한다는 것이다. 자기 생업이 있고, 또 가정에서의 일원이고, 사회에서도 동창회, 직장, 학교, 비즈니스, 노조, 시민단체, 스포츠클럽이나 동호회 등 수많은 조직과 결사체의 일원이 되어 활동을 한다는 것이다. 각 조직에서도 임원을 맡거나 평회원으로 지내거나 한다. 그렇게 해서 많은 공적인 활동을 하고 있다. 부분조직들은 그 목적과 기능이 다 다르지만 거기에서도 직접민주제와 대의제의 기본 형태는 유지된다. 어디든지 회장과 총무 등의 대표자들이 정해지고 이들은 평소 회원들을 위하여 일정한 사업을 추진한다. 아주 중요한 결정사항인 경우 전체 회원들을 소집하여 보고하고 의결을 구할 것이다. 이렇게 우리들은 국가에서 뿐만 아니라 많은 조직 속에서 한편으로는 평회원으로, 다른 한편으로는 그 조직의 공직자로서 일을 수행한다. 여기서도 민주주의와 회원의 권익이라는 헌법의 기본이념은 작으나마 실현된다. 평소 이루어지는 이런 시민으로서의 활동이 그 사회 전체의 민주주의 수준, 인권수준을 결정하리라는 것은 쉽게 예상된다. 시민들의 안목과 수준이 높아질 때 국가의 공직자들도 그 수준 이상으로 일을 할 수가 있는 것이다.

우리나라의 현 상황에서 대의제에 대한 극도의 불신이 만연한 것을 타개하는 길이 국민들의 시민의 덕성을 높이는 것에 있다는 것은 분명하다. 이 길이 민주시민교육이든, 공화시민교육의 이름으로 시민들이 개선해야 할 점이 무엇인가를 알고 생활에서부터 민주공화국의 정신 즉 헌법정신이 뿌리를 내려야 한다. 국민들이 현재의 대통령이나 국회의원이나 장관이나 법관, 검찰, 경찰, 공무원들에 대해서 욕설 섞인 비난을 가하는 것은 표현의 자유로 보장된다. 하지만 시민들은 자신들이 비난하는 그 논리만큼 자신이 하는 (부분사회에서의) 공직활동에 적용하면 된다. 그러면 사회가 더욱 자라서 놀랄 만큼 달라진 사회가 될 것이다.

당연히 공직자의 선출과정에서부터 달라져야 한다. 그저 연고주의에 입각해서 자신과 친하다고 해서 무조건 지지하는 것이 없어져야 한다. 아무리 일가친척, 친구, 동료, 선후배라고 하더라도 당면한 공직에의 적합도를 보고 판단해야 한다는 것이다. 이런 공적 마인드가 유지되지 않는다면 언제 공화국이 될 수 있겠는가? 모든 국민은 주권자로서의 자부심과 권리와 책임의식을 가져야 하는 것이다. 주권자적 인간이 요구되는 지점이다.[23]

(8) 애국심

애국심과 관련해서도 서양과 동양은 차이가 심하다. 프랑스의 유명한 『백과전서』를 보면 "동양적 전제주의 치하, 즉 법은 없고 오직 군주의 의지만이 있는 곳, 군주의 변덕을 찬양하는 것 말고는 다른 규칙이 없는 곳, 공포 말고는 다른 통치원리가 없는 곳, 어떤 재산도 안전하지 않고 목도 언제 잘릴지 모르는 곳, 이런 곳에서 사는 사람들에게는 '조국'이 없다. 아니 이들은 조국이라는 단어 자체를, 행복을 뜻하기도 하는 이 단어 자체를 가지고 있지 않다."[24] 이 말은 몽테스키외의 입장에 따라 기술된 것이라고 한다. 이런 관점은 조선의 상황을 보면 수긍할만하다. 조선왕조는 이렇듯

---

23 주권자적 인간(sovereign person)은 헌법적 인간상이다. 공화시민의 덕성에 해당한다. 이에 관한 설명은 강경선, 『사회복지국가 헌법의 기초』(서울: 에피스테메, 2017), 470−474쪽.

24 프랑스의 백과전서 내용은 비롤리, 위 책, 168쪽에서 재인용.

백성 일반의 자유를 생각할 수 없었던 나라였다. 그래도 조선왕조에서도 임진왜란 때나 청나라의 침공, 그리고 조선말에 서양과 일본의 침략에 대해서 우리 백성들이 취한 구국의 의병정신도 애국심이었던 것은 분명하다. 후자는 자신의 자유의 근거가 되었던 조국에 대한 애정은 아니었고, 자신의 혈연, 지연, 조상과 전통에 대한 지극한 애정에 기초를 둔 애국심이었을 것이다. 애국의 출발과 지향점은 달랐지만 자연스런 애정과 충정의 표현이라는 점에서는 같았다. 서양의 자유에 입각한 자발적 조국 수호의 표현을 공화주의적 애국심이라 한다면, 우리나라의 그것은 민족주의적 애국심이라고 구별된다.

공화주의 애국심이 무엇인가를 알려면 몇 사람의 견해를 보는 것이 좋을 것 같다. 루소는 "자유 없이 애국은 불가능하며, 비르투 없이 자유는 불가능하며, 시민들 없이 비르투는 불가능하다."고 했다. 토크빌은 자신이 뉴잉글랜드 지역 타운들에서 직접 목도한 애국심을 다음과 같이 묘사했다. "뉴잉글랜드 사람들이 자신의 타운에 대해 애착하게 되는 것은 그것이 자신이 태어난 곳이기 때문이 아니라, 그 스스로가 구성원이며 또한 노고를 무릅쓰고라도 한번 운영해 볼만한 가치가 있는 자유롭고도 힘 있는 결사체이기 때문이다." 특히 자유에 대한 사랑은 국경을 넘어선다. 자유를 빼앗기며 압제 속에서 사는 사람들이 다른 나라 사람들이라고 해도 우리 모두는 자유의 편에 서는 것이 도덕적 의무이다. 공화주의적 애국자들은 오직 자유공화국만이 조국이 될 수 있다고 생각한 반면, 후자의 민족주의자들은 문화적 동질성이 보존되는 곳이면 어디에나 조국이 존재한다고 주장한다. 조국이 가지는 정치적이며 문화적인 가치는 민족이 가지는 비정치적인 가치와 확연히 다르다는 점이다. 공화주의의 조국은 '파트리아'(patria)이고, 민족주의는 '나티오'(natio)인데, 파트리아와 나티오 모두 개인 간에 연대를 형성한다. 하지만 키케로가 밝혔듯이 '파트리아', 즉 '레스 푸블리카'에 의한 연대는 '나티오'에 의한 연대보다 훨씬 강하며 또한 고매하다.[25] 이상과 같은 비롤리가 정리한 공화주의적 애국심은 우리 동양인들에게는 매우 익숙하지 않은 것들이다. 하지만 자유와 권리에 많이 숙달된 우리에게 그렇게 멀지도 않은 중요한 것이다. 우리도 자유를 위해서 싸워가면서 이만큼 민주공화국을 만들어왔으니 앞으로도 전망이 밝다. 요컨대 민족주의의 애국심에 머물지 말고, 보다 보편적인 가치를 향해 나아갈 수 있어야 한다는 것이다.

5. 공화국이 되기 위한 특별과제

(1) 사회복지국가 헌법의 완성

공화국은 우리에게 헌법의 완성을 위한 과제다. 우리 헌법은 사회복지국가 헌법의 단계를 진행해야 한다. 사회복지국가는 특별히 국민 전체의 공공복리와 사회정의를 추구하는 것을 목표로 한다. 공동선과 정의를 핵심요소로 하는 공화국과 복지국가는 상당부분 그 목표가 일치한다. 헌법의 규범력의 완성도를 높여나갈 때마다 우리 국민들의 행복지수는 높아

25 비롤리, 위 책, 제6장.

질 것이고, 국가의 모습은 세련될 것이다. 세련된다는 것은 정치적으로 민주화되고, 경제적으로 풍요와 윤택이 느껴지고, 사회적으로 다양성과 문화적으로 성숙해짐을 뜻한다. 사회복지국가는 이미 지난 10여 년 전부터 착수했어야 할 일들이다. 정작 할 일은 하지 않고 정쟁만 일삼다보니 어느덧 현재까지 흘러왔다. 필자도 오랫동안 사회복지국가 만들기를 주장하다가 이제는 진부함으로 느껴서 이제 공화국 만들기로 간판을 바꾸었다. 복지국가를 향한 작업은 현재 정부에서 많이 시도하는 것으로 보인다. 그 실적은 드러난 것이 없고 여전히 지지부진하다. 그래서 특히 소득주도성장 정책에 대해서는 비난이 쏟아지고 있다.

이런 비판에 대해서 정부의 정책에 대해 변호하기가 힘든 것은 현 정부가 복지국가적 사고를 하지 않는다는 점 때문이다. 현 정권은 복지국가 실현을 위한 공화주의 정신을 결하고 있다는 결정적 문제점을 가지고 있다. 공화주의 대신 진영논리와 배제의 논리가 지배하고 있다. 사회주의국가나 공산국가를 만드는 것이 아니고 사회복지국가를 만드는데 그 추진체인 집권층의 두뇌가 진영논리로 꽉차있다면 어떻게 그것이 가능하겠는가? 진영논리와 그에서 비롯되는 편향된 역사관과 극심한 배제논리가 복지국가로 나아가지 못하는 핵심 요인이라 정리할 수 있다.

사회복지국가의 완성형으로 가기 위해서는 노동자들의 오래된 숙원사업들 예컨대 노동자 경영참가. 노동자 이사제, 종업원지주제, 자주기업이나 협동조합형 기업 등이 실현되어야 한다. 그런데 이와 같은 것들은 현 사회의 인식틀 변화가 전제되어야 하는 것들이 많다. 당장 노사정협의체와 같은 것들이 많은 성공사례를 만들어 내야 한다. 이를 위해 정부, 기업가, 노동조합, 시민들이 공화시민으로서의 덕성을 갖추어야 한다. 정부나 기업가의 고압적, 권위적, 갑질도 바뀌어야 하고, 노동조합의 민주집중제식 조직 운영도 대의제 방식으로 전환되어 정상적인 대화를 열어나가야 한다. 이런 협의체의 협의과정 자체가 민주주의요, 공화국 만들기의 과정이기 때문이다.

공화국은 성숙한 민주주의, 질서 잡힌 민주주의, 세련된(refined) 민주주의를 말한다. 공화국은 바로 위에서 말한 것 같이 민주주의가 자신의 행로를 확대해가면서 스스로 절제를 하면서 전 구성원들이 함께 공존할 수 있는 사회를 위한 제도나 장치를 마련하면 되는 것이다. 공화국 만들기에 성공하지 못하면 민주주의 또한 실패로 끝나기 때문에 민주주의는 공화국을 반드시 만들어내야 한다.

(2) 적폐청산

현 정부는 집권과 더불어 촛불혁명의 발단이 된 국정문란의 원인 제거에 나섰다. 이 작업은 적폐청산이라는 구호아래 전개되었다. 이미 탄핵에 된 박근혜 전 대통령과 그 측근들이 구속되고 재판에 회부되었다. 또한 많은 국민의 원성을 샀던 이명박 전 대통령도 구속수사와 재판에 넘겨졌다. 또한 과거 정부의 권력에 의한 비호로 숨겨진 사건들 다수도 재수사하고 있는 중이다. 가장 큰 사안은 사법부의 적폐청산일 것이다. 박근혜 정부와 함께 했던 양승태 대법원장과 그 주변의 주요 법관들에 대한 적폐청산이라 할 수 있다. 정부 출범 2년이 지난 지금 대법원장을 비롯한 고위 법관들이 재판을 받고 있다.

법률에 위반된 사안의 경우 의법처리하여 사회의 기강을 바로 잡는 것은 당연하다. 하지만 일부 적폐청산 사건의 경우 사법처리의 방식과 적절성에 대해서 의문이 생긴다. 촛불정국과 관련해서 특별히 많이 원용되는 형법조항이 직권남용죄다. 종전에는 있는 듯 없는 듯 잠자던 직권남용죄 조항이 적폐청산에서의 전가의 보도처럼 많이 활용되고 있다. 직권남용죄는 애매한 규정이다. 뇌물수수와 같이 명백한 경우 외에 부적절한 행위라는 의심을 가지고 권한남용죄로 다스리다 보면 무리가 따를 수 있는 죄목이다. 그래서 인민재판이니 여론재판이니 하는 비판이 일각에서 나왔다. 직권남용이란 일은 했는데 너무 과도했거나 잘못했다는 것을 질책하는 것이다. 사실 우리나라 공무원은 직권남용보다도 직무유기의 무사안일과 복지부동에서 벗어나는 것이 시급하다. 그렇기 때문에 일정한 일을 도모한 사람에 대해서 그의 부적절한 처신(misconduct)이라 해서 그것을 법적 처벌로 가는 것은 매우 신중해야 할 사안이다. 바람직하지 못하거나 잘못된 처신도 꾸짖고 바로잡기는 해야 할 사항이다. 그것을 시정하는 방법이 꼭 검찰과 사법에 의했어야 하는가 하는 것이 의문이 가는 대목이다. 이번 사법적폐 사건을 통해서 사법부는 물론 모든 공무원들이 일을 더욱 열심히 또 바르게 하는 계기가 되어야 한다. 그렇지 않고 일을 하지 않은 것은 책망하지 않고 한 일에 대해서 책망만 한다면 공무원들은 더욱 더 소극적으로 복지부동의 구멍으로 숨어들어갈 위험도 있다. 이것은 복지국가의 공무원상과는 정면으로 배치되는 결과를 초래한다.

적폐는 제거해야 한다. 그런데 우리 사회에서 말하는 적폐의 속살을 들여다보면 사회적 폐습이 도사리고 있다. 그만큼 적폐는 뿌리깊이 자리 잡은 암덩어리 같은 존재다. 헌법 전문에서 말하는 사회적 폐습은 조선시대 이래 누적되어온 결코 관습법이라 할 수도 없는 나쁜 습관을 말한다. 혈연, 지연을 비롯한 각종 연고주의, 문벌과 서열 등 봉건적 의례들, 여전히 남아있는 과대한 경조사 풍습 등 도무지 헌법의 기본가치인 천부인권과 자율과 부합할 수 없는 우리 고래의 악습이 많다. 당장 사법적폐를 비롯한 과거청산의 진행방식이 정적을 쓸어내려는 당쟁의 모습을 재연하는 것으로 보이는 한 이것 또한 공화국에서는 용납될 수 없는 타파되어야 할 사회적 폐습에 속하는 것이다. 지금은 민선정부이고 군사정부가 지난 지 30년이 되었다. 여전히 군사정부와 투쟁하던 방식의 정치를 하면 그것은 대단히 시대착오적인 것이고 새로운 적폐현상인 것이다. 묵은 논리를 그대로 고수하여 시대에 역행하는 것이 바로 적폐다. 우리의 정치권은 이렇듯 구적폐–신적폐의 대결구조로 되어 있기 때문에 공화정치는 부재하고 무한대립적 극언만 남아 국정이 표류하는 것이다.

(3) 과거청산의 문제

이미 초입에서 말한 바와 같이 우리 헌법의 규범력은 지난 100년간에 걸쳐 급속한 변화를 거쳤다. 1919–1948년 약 30년은 결의와 천명만 한 상태였고, 구체적으로 실행단계에 접어든 1948–1987년 즉 약 40년은 헌법의 체험만 깊어졌을 뿐 규범력은 없었다. 그래도 독재의 기간 동안 민주주의가 무엇이냐, 헌법이 무엇이냐에 대한 뼈저린 체험과정에서 국민들 사이에 주권의식과 인권의식의 성장이 다져지고 높아진 것은 매우 귀중한 것이라 할 수 있다. 이 기간 동안 헌법의 3분의 1 고지에 올랐다. 그 후 20여 년 동안 다시 3분의 2 고지에 다다라 현재에 이르렀다. 70년 동안 3분의 1, 100년 동안 3분의 2를 넘어 7부 능선에 올랐다.

이렇게 헌법도 발전하는 것이다. 높은 수준에 올라서 보면 그 이전의 아래 시절이 눈에 환히 들어온다. 그때는 왜 그렇게 어렵고 저급하게 살았을까? 후회스럽고 아쉬운 점이 많다. 때로는 가슴 저미는 일도 있고, 이만큼 올라 선 것에 대한 대견스런 일도 있다. 그런데 갑자기 자신과 주변인들이 당했던 반헌법, 반법률적인 처사가 생각나면서 분노에 휩싸인다. 일상사만 그런 것이 아니다. 정치의 모습도 마찬가지다. 그래서 과거의 잘못을 지적할 일은 산적해 있다. 묻혔던 과거를 파서 사실을 명백히 하자는 진실규명을 요구한다. 상당부분 소급입법적 성격이 강하고 시효가 지난 일이 많다. 그러나 불법은 시효에도 불구하고 언제나 불법이다. 진실은 시효와 상관없이 진실로 남아있다. 그러나 너무 지당한 요구사항에 대한 시정요구는 현재의 정부 당국은 거부할 수가 없다. 과거사를 캐고 진실이 밝혀지면 그대로 외면하기가 힘들다. 가해자와 피해자가 드러난다. 피해자는 억울하고, 가해자는 지나칠 수 없을 정도로 악독한 경우가 허다하다. 그래서 피해자에 대한 명예회복과 일정한 보상 혹은 배상방법을 강구한다. 가해자에 대해서도 할 수 있으면 일정한 불이익을 줄 수 있다. 주로는 국가가 나서서 책임을 대신할 수밖에 없다. 우리나라는 긴 시간을 명목화된 헌법의 역사 가운데 진행되었기 때문에 도처에서 불법적 국가권력이 발견될 수밖에 없다. 그만큼 과거사의 대상은 넓고 크다. 과거사의 발굴은 곧 역사를 바로 쓰는 작업이기 때문에 계속되어야 한다. 그리고 그에 따른 피해자에 대한 명예회복과 국가의 보상체계도 외면만 할 수는 없고 합리적인 방안이 마련되어야 한다. 이 정도의 큰 규모라면 정부부처에 과거사부가 따로 설치하는 것도 생각해 봐야 한다. 법원에서도 과거사 전담심판부가 따로 둘 필요도 있을 것이다. 과거사 처리는 앞으로 통일이 이루어져도 계속 이어질 것이기 때문에 과거사처리에 관한 일정한 제도와 법리를 개발해서 대처해야 하리라 본다. 과거사 문제에 관한 처리 기준을 단순화, 표준화시켜 슬기롭게 대처하는 방안이 시급한 실정이다.

(4) 진영논리를 넘어서

진영논리는 상호 간의 대화와 견제라는 한에서는 필요한 것이다. 서로에게 도전과 자극이 되기 때문에 발전에 도움이 된다. 특히 정당은 어느 정도 진영논리를 기반으로 해야 한다. 우리나라가 이룬 압축성장의 배경에는 이와 같은 극한적 대립이 가져온 내외의 도전과 시련에 악착스럽게 대처하면서 살아온 불굴의 노력이 있었다고 본다. 그래서 개인과 사회의 발전을 위해서는 반드시 상생의 논리만이 아니라 상극의 논리도 필요하다는 것은 인정할 수 있다. 그러나 우리가 겪고 있는 지금 과도한 진영논리는 시대적으로 무익한 것이기 때문에 이제는 지양되어야 한다. 진영논리가 정당 간의 정책 대결을 넘어 사생결단식의 집권투쟁으로 치닫는 것은 사회를 파탄에 이르게 할 뿐이다. 이와 같은 진영논리는 그것이 설사 정당이나 공권력의 이름으로 구사된다고 하더라도 정당한 공권력의 행사라기보다 사적 이익집단의 권력추구라고 볼 수밖에 없다는 것이다. 공권력의 사유화는 조선을 마침내 붕괴시킨 가장 큰 원인이 되었던 요인이었던 것이다.[26]

---

26 진영논리 정치의 극복을 위한 제안은 한면희, 『제3정치 콘서트』(서울: 늘품플러스,

진영논리를 넘어서는 것은 우선 편향된 역사관을 넘어서는 데서 시작해야 한다. 서로가 상대방을 친일-독재 진영이라 하고, 종북-빨갱이라고 규정짓는 정치적 대화의 단절을 가져오는 극단적이고 소모적인 역사논쟁은 하루빨리 종지부를 찍어야 한다. 과 마침 금년도가 3·1운동 100주년을 맞기 때문에 이 문제를 바로 잡는 절호의 기회였다고 생각한다. 하지만 아쉽게도 올해도 규모만 평소보다 컸을 뿐 일과성 행사로 그치고 말았다. 3·1운동과 임시의정원, 대한민국임시헌장 그리고 이들의 성격과 건국헌법과의 관계를 알아보자. 이를 위해서 필자가 정치평론학회와 이종걸 국회의원이 공동주관한 기념 심포지움(4월 3일 국회도서관 소회의실 개최)에서 발표한 내용을 일부 그대로 전재하고자 한다.

> 먼저 3·1운동은 혁명성이 존재합니다. 군주국에서 공화국으로 이행하는 분수령이었다는 점에서 3·1운동은 혁명성을 가집니다. 이후 수립된 임시의정원, 임시헌장, 임시정부는 혁명정신이 구체화된 첫 작업들입니다. 그렇지만 3·1운동과 임시정부에 '과도'하게 혁명적 의미부여를 하게 되면 1948년의 건국헌법제정과 정부수립을 왜소하게 만드는 문제점이 있습니다. 예컨대 임시정부를 제1공화국이라 칭하고, 1948년 정부는 제2공화국이라 하며, 1948년의 헌법을 제6차 개정헌법으로 부르는 등 하게 되면 엄청난 무리가 따릅니다. 그래서 헌정사에서 3·1운동과 임시정부에 대한 혁명성의 의미부여는 '절제'(moderation)가 요구됩니다. 대한민

2012); 채진원, 『무엇이 우리 정치를 위협하는가』(서울: 인물과 사상사, 2016).

국의 전사(前史)요, 원류와 뿌리가 되는 임시건국으로 평가되는 것이 좋습니다. 범국민적 자주독립운동의 원년으로서 기념하는 것으로 충분합니다.

2016년 가을 이후의 촛불혁명은 우리나라의 공화주의를 촉구하는 변화의 바람으로 이해되어야 합니다. 공화국은 민주주의를 세련되고 정돈시키는 작업입니다. 우리 사회에서 가장 큰 공화주의적 주제는 진영논리의 극복과 협력정치의 회복입니다. 극단으로 치닫는 진영논리는 조선왕조의 붕괴를 초래한 망국적 당쟁과 공권력의 사유화를 방불케 합니다. 망국적인 진영싸움은 조국을 좌초시킬 것입니다. 우리는 전쟁을 일으킨 적도 없고 승리한 적도 없습니다. 가난하고 힘없는 제로 주권의 나라에서 시작했습니다. 이만큼까지 성장한 데에는 어느 한 집단만의 작품이 아닙니다. 「국가유공자의 예우 및 지원에 관한 법률」을 보더라도 우리나라를 세운 분들은 순국선열, 애국지사, 전몰군경과 전상군경 등 호국용사, 민주열사, 사회특별공로자, 공상자와 순직자들이 있고, 이 법의 규정에는 없지만, 당연히 기업과 노동자 등 온 시민들의 기여가 있었다는 것을 잊어서는 안됩니다. 건국에는 기술보국, 체육보국, 문화보국, 산업보국, 교육보국 등 모든 분야들이 함께 만들어가는 것입니다. 식민지시기에는 독립지사가 힘썼고, 전쟁할 때는 군인들이 힘썼고, 경제를 세울 때는 기업과 노동자가 힘썼고, 민주화를 위해서는 민주열사가 힘썼고, 시기마다 많은 사람들이 힘써 나라를 만들어 왔다는 것입니다. 어떤 특정 집단도 독자적으로 우리나라를 일으켜 세운 것도 아니고, 따라서 우리 역사와 정치권력을 '독점'할 자격은 없습니다. 다만, 일정한 부분적 역할만 했고 지분만 있을 뿐입니다. 모두가 역사에서 겸양과 절제가 필요한 우리나라라 할 수 있습니다. 그런 점에서 모든 정치권력을 독점하려는 듯 달려들고 상대방을 물어뜯는 하는 진영논리는 패망의 논리이고 이것이 존재하는 한 이 사회는 더 이상의 진행을 할 수가 없을 것입니다.

임시정부와 1948년 정부와의 관계는 하나는 건국의 전사(前史)로, 하나는 건국의 공식적 시작으로 하루빨리 과감하게 정리하는 것이 좋습니다. 벌써 10여 년 동안 반복되는 건국논쟁은 진영논리에 기반을 두고 있을 뿐 하등의 민생문제도 아닙니다. 이승만도 세우고, 김구도 세우고, 조소앙도 알리고, 유진오도 알려야 합니다. 이것은 논쟁으로 해결될 수 있는 문제가 아니라 상호 인정으로 해결할 문제라고 봅니다. 민족주의적 관점에 서면 감정적으로 친일행위를 용납할 수 없을 겁니다. 하지만 현재의 우리 헌법발전을 위해서 본다면 — 공화주의 시각 — 그것은 다르게 극복되어야 합니다. 우리 헌법이 인정하는 「기미독립선언서」를 보도록 합니다. "일본의 신의 없음을 단죄하려 함도 아니고 – 남을 원망할 겨를이 없노라. 묵은 옛일을 응징하고 잘못을 가릴 겨를이 없노라. 오늘 우리에게 주어진 임무는 다만 자기 건설에 있을 뿐이요, 결코 남을 파괴하는 데 있지 않노라."라 하는 독립선언서의 입장에서 보아도 오늘날 우리의 진영논리 행태는 매우 수준 미달의 것입니다. 진영논리를 청산하고 각 진영은 헌법의 이상에 부합하는 공당, 즉 정당으로 바로 서기 바랍니다. 특징 있는 보수와 진보의 정당이 되고 상호 간에 견제하되 극한 대립은 피하는 — 국민의 관점에서 — 그런 성숙한 민주주의가 필요합니다. 그래서 저는 '헌법의 어버이들'(Founding Fathers)도 세워서 국가차원에서 많은 훌륭한 분들의 업적도 기리고, 헌법교육도 시키고, 그래서 멋진 국가의 기틀을 마련했으면 좋겠습니다. 우리에게는 헌법의 어버이들이 없는 것이 아닙니다. 고아론으로 가기보다는 여러 어버이들이 있었다는 것이 옳습니다. 독립협회 이래 나라를 세우는 데 수고한 분들을 찾아 세우는 것은 좋을 듯합니다.

친일청산이란 일본의 모든 것을 배척하자는 것은 아닙니다. 당연히 일본의 좋은 점은 배우고 칭찬해주어야 합니다. 즉 우리가 배격해야 할 것은 잘못된 제국주의 논리 즉 침략과 대외팽창, 반민주, 반헌법, 반인륜, 반인권적 통치의 요소들입니다. 목표를 뚜렷이 하지 않은 채 반일감정을 높이고 친일분자에 대한 인적청산에 초점을 맞추는 것은 공화정신에 반하는 또 하나의 붕당정치의 모습입니다. 조선왕조의 붕괴로 인해 하루아침에 밖으로 내쳐진 우리 민중들이 방황한 행적에 대하여 우리 스스로가 지금까지도 서로 헐뜯는 것은 어리석은 일입니다. 친일청산에서도 엄격히 살필 일이 있습니다. 일본 탓으로 돌리기보다도 우리의 잘못이라 할 만한 것은 우리 탓으로 받아들이고 반성해야 합니다. 즉 우리에게 잔재한 조선의 그릇된 왕조문화, 봉건문화의 폐습에 대한 청산 즉 '친조(親朝)' 청산도 함께 해야 합니다. 청산되어야 할 조선왕조문화란 조선후기에 극성했던 세도정치가 보여준 사집단에 의한 공권력 사유화, 그로 인한 공직자의 부정부패·매관매직과 기강문란, 집단 간 사생결단의 정쟁, 서열문화, 연고와 문벌주의, 허례허식, 무고와 모함의 극성, 지독한 곤궁, 쇄국주의와 외세의존, 허약한 국방 등 반복해서는 안 될 악습들입니다. 지금은 이러한 낙후된 일제국주의의 잔재와 조선왕조문화의 폐습을 하루빨리 청산하고 헌법이 요구하는 민주공화국의 확립을 향해서 나아가는 것이 필요합니다.

(5) 전문가와 문화국가의 시대

위에서 공화국 시민이 갖추어야 할 주권자적 인간에 관해서 언급했다. 민주공화국은 국민의 행복을 보장하고 증진시키기 위한 국가이다. 국민들의 행복은 사적인 자유 생활에서 시작된다. 어렸을 때는 주로 사적인 일이고, 공적인 일은 매우 적을 것이다. 그렇다고 전혀 없지는 않다. 이미 가족 단위에서나 학교생활에서도 그 사회에서의 권리와 책임은 존재하기 때문이다. 그러나 본격적으로 사회생활을 위해서는 일정한 시기 즉 성년의 시기를 넘어서면서 생긴다. 물론 부분 조직과 국가는 그 규모와 목적과 기능에서 서로 다르기는 하지만, 민주주의 원리와 헌법의 논리는 어디든지 예외 없이 관류하고 있는 것이다. 부분사회에서의 민주주의와 공적 시민정신의 훈련은 국가 단위에서의 성공을 예약하는 것이다.

여기서 아주 중요한 부분이 전문성이다. 특히 우리가 지금 확실히 만들어가야 할 사회복지국가로서의 공화국 단계에서 요구되는 사항이다. 사회복지국가 단계는 국가와 법의 단계에서 최상위 발전단계이다. 그래서 시민들의 문화수준 또한 최고급형으로 고양된다. 이를 위해 당연히 국가나 개인의 경제수준도 비례해서 뒷받침되어야 할 것이다. 개개인은 교육수준 향상에 따라 전문가가 될 것이다. 전문가는 어떤 특정분야에서 독보적인 실력을 갖는 영역을 확보하는 것이다. 이론적으로 보면 이것은 누구에게나 가능하다. 왜냐하면 사회의 영역은 무한대이기 때문에 거기에서 우리나라 5천만 개, 전 세계인구 70억 인구로 나눈 특별한 한 영역을 자기의 전문영역으로 확보하는 것은 항상 가능하다. 물론 현실에서는 이런 작업이 쉽지 않지만 가능성이 열려있는 것은 사실이다. 그렇게 해서 일반적 지식을 가진 교양인을 넘어 교양전문가(아마프로-프로암)가 되고 다시 전문가(professional)가 되면 독립자가 되는 것이다. 도제 시대를 마치고 마스터(master)가 되는 것이다. 그러면 적어도 수입원은 확보된다고 봐도 된다. 아주 큰돈을 벌 수도 있고 그렇지 않을 수도 있지만 전문가가 굶을 수는 없을 것이다. 왜냐하면 반드시 그의 기술과 실력을 필요로 하는 사람이 찾아오기 때문이다. 그 기술이 더욱 세련되고 널리 알려지면 이를 찾는 고객도 많아진다. 그러면 이 기술을 배우기 위해 학생이나 수련자들이 찾아오고, 혹은 기존의 동종의 기술자 집단과도 관계를 맺게 된다. 전문가가 되면 전문가로서의 윤리를 체득하게 되고, 전문영역부터 출발해서 사회적, 국가적 더 나아가서 세계적 차원의 조망 능력이 생긴다. 이렇게 전문가는 관리자 내지 공직자로서의 공적 책임감과 정치의식을 키우게 된다. 정치의식도 처음에는 자기 직업과 관련된 권익보호 차원에서 시작되겠지만, 조만간에 타 영역과의 비교 안목이 커지다 보면 공공성에 대한 안목이 트인다. 이렇게 해서 공화국을 위해서는 시민의 덕성이 필요한데, 바람직한 공화국에서는 개별 시민들의 전문성 확보가 요청되고 이렇게 독립된 자율적 주체로서의 시민과 결사체를 기반으로 한 정치가 기대된다. 이런 기반 위에서 대표자를 구성하게 되면 상당히 탄탄한 대의제가 운영될 것으로 본다. 왜냐하면 대표자도 이런 전문성을 가진 능력과 책임감이 강한 사람들 중에서 선출이 될 것이기 때문에 임기 동안 자신의 역량 발휘에 대한 기대가능성이 높아질 수밖에 없다.

전문가가 되면 자신의 생업이 안정될 가능성이 높아진다. 그 결과 개인적으로 구태여 국가 정치의 대표자로서 봉사할 필요성을 많이 느끼지 않는다. 자신의 직역에서도 충분한 의미를 가질 수 있을 것이기 때문이다. 하지만 사회적 필요에 의해 자천, 타천의 과정을 거쳐 공익을 위해 일정한 봉사가 불가피한 경우라면 그는 이를 마다하지 않을 것이다. 공직자로서의 맡은 바 책임을 다 했다고 하면 그는 다시 자신의 생업으로 복귀하게 될 것이다. 공직에 목말라 집착하는 지금의 풍토와는 다른 모습이 연출되어야 바람직하다. 공화국은 바로 이렇게 모든 시민들에게 사적 행복의 시간과 동시에 공직에 대한 기회가 주어지는 선순환의 사회라 할 수 있다.

전문가가 되면 모든 분야에서 문화와 예술의 꽃이 활짝 펴게 될 것이다. 어느 분야든지 경지에 이르면 그 논리의 아름다움을 보게 되는 것은 정한 이치다. 그렇게 될 때 자신이 직업에서 도달자로서의 희열을 맛보게 될 것이다. 학자와 예술가와 같은 전통적인 전문직업인은 말할 것도 없고, 모든 직업에서 달인의 경지에 오를 때, 그 사람들은 사물의 논리와 흐름, 동시에 사회와 자연 이치에 대해 터득을 하게 되면 그 분야에서의 장인이 되는 것이다. 모든 사람들이 음악과 미술, 시와 소설을 쓰지 않더라도 그러한 예술작품의 깊이와 경지에 대한 공감을 통해 자신의 전문분야에서도 예술가로서의 작품을 생산해낼 수 있을 것이다. 이렇게 해서 공화국은 자연스레 문화국가로 연결된다. 공화국과 문화국가와의 관계는 일방통행적인 것은 아니다. 양자는 상호작용하면서 상승하는 관계에 서있다.

우리는 가장 관료화된 공무원사회나 가장 기계화된 단순 노동자 작업장에 대해서도 이 같은 문화국가의 원리가 실현되는 사회를 만들어야 한다. 권한의 위임과 자율성 부여를 통해서 개인 모두가 자신의 일이 인생에서의 예술작품을 만들어가는 과정으로 느낄 수 있도록 성숙한 사회를 조성해야 하는 것이다.

⑹ 생활정치

민주공화국을 위해서는 시민들이 경제적으로 자립하고 정치적으로 각성되어야 한다. 정치는 꼭 국정을 맡을 때만 하는 것이 아니라는 것은 위에서 본 바와 같다. 시민들은 어디에서도 자신이 속한 사적 집단, 결사체에서 일정한 정치행위를 하게 된다. 이것보다 적극적인 활동을 하려면 시민운동으로 나서는 방법도 있다. 이렇게 해서 부분사회가 종전에 비해 보다 더 자유롭고 민주적인 사회로 바뀌면 국가 차원의 정치모습도 바뀌게 된다. 더 나아가서 꼭 지자체 차원이나 국가 차원에서의 공직자 활동을 해야 할 사람의 경우에는 그렇게 진출하도록 해야 한다. 이때 문제되는 것이 현행 정당법, 공직선거법, 정치자금법과 같은 많은 제도들의 장벽을 넘어서야 한다는 점이다. 이 지점에서 우리 국민들은 현실 정치에 대해서 혐오감과 환멸을 가지고 있다는 점을 직시해야 한다. 대부분의 국민들은 정치는 패가망신의 길이라고 한다. 정치는 돈 없이 할 수 없고 또 낙선하는 경우에 멘붕 상태에 빠지기 쉽기 때문에 패가망신이라고 보는 것이다. 이런 정치행태를 바꿔야만 공화시민들에게 정치에게 친화력을 줄 수 있을 것이다. 이를 위해서 선거공영제의 구현을 위한 지속적인 제도 개선이 전제되어야 한다. 하지만 현행 제도 하에서도 선거에 임해야 하는 국민들은 정치를 원론적 의미대로 '공적 봉사로서의 정치'(politics as social service)가 되도록 최대한 의식과 문화를 바꾸도록 노력해야 한다. 봉사란 말 그대로 전적으로 유권자의 의사에 달려 있다. 유권자가 봉사 받고 싶지 않다는데 봉사를 할 수는 없는 것이다. 그래서 당선되면 열심히 사회를 위해서 봉사하면 되고, 낙선되면 자신의 생업에 충실하면서 행복을 추구하면 되는 것이다. 꼭 당선되어야 한다는 집착에 가까운 권력의지는 공화국에 적합한 사고는 아니다. 이런 정치를 현실화시키려면 시민들의 정치의식이 고양되어야 한다. 현 상황에서 누가 가장 적합한 대표자인가를 공공의 관점에서 선출하는 풍토가 조성될 것이 선결과제이다. 요점은 정치가 생활과 유리된 것이 아니라는 생각, 그리고 나의 생활 자체가 이미 공화국을 위한 중요한 자리라는 생각이 기초로 잡고 있어야 한다.

(7) 헌법 제국

이상에서 본 바와 같이 완성된 헌법국가가 되기 위해서는 국내과제와 국제과제를 해결해야 한다. 국내 과제는 개괄적으로 사회복지국가의 실현이라고 규정지을 수 있고, 국제 과제는 헌법 제국의 실현이라고 명명할 수 있겠다.

제국(Empire)은 무엇인가? 만약 우리가 세계정부를 수립한다면 그 형태는 제국이 될 것이다. 세계정부를 통해 전쟁은 종식되고 평화가 도래할 것이다. 그런데 제국은 보통 부정적 의미로 사용된다. 외국 정복의 혐의를 지니는 단어로 사용된다. 그러나 예컨대 뮝클러(Herfried Münkler)는 제국과 제국주의를 구별하여 전자는 긍정적 의미로 후자는 부정적 의미로 사용한다. 역사적으로 볼 때 제국들은 강력한 힘을 보유했을 뿐만 아니라 주변 국가들에 비해 문명적으로 우월한 어떤 측면을 보유하고 있었다. 페르시아, 아테네, 알렉산더, 로마, 고대 중국, 칭기즈칸의 몽골, 인도의 무굴, 오스만, 영국과 러시아, 미국 등으로 이어지는 세계적인 제국들은 외국에 대한 정복도 행했지만 문명발달에 크게 기여하기도 했다.[27]

뮝클러는 제국이 확대되는 이유는 무력에 의한 침략에만 기인하지 않고, 주변 국가들의 제국 문명에 대한 선망과 자발적 동화를 기초로 해서 확대되는 점을 강조한다. 그렇게 해서 제국의 문명과 보편적 규범은 광범위한 지역으로 확산된다. 물론 제국은 확장 이후 관리가 불가능해지면서 쇠락과정에 들어간다. 제국이 가진 비교우위적인 보편적 규범의 확산이 세계사의 진화를 가져온 것은 틀림없다. 법제사의 측면을 보더라도 일찍이 아테네에서는 철학과 예술, 문학과 연극 등 이념과 추상적 개념의 발판을 마련한 반면 그 후 로마는 정의이념의 구체화를 통해 법의 민족이 되었다. 로마법의 근대적 계수를 통해 법학은 유럽을 거쳐 오늘날 전 세계로 전파되어 상당부분 공통의 법체계를 이루게 되었다. 어찌 보면 법의 제국이 형성된 것이다. 이후의 영국은 역사상 최대 영역의 식민지 지배를 하였지만, 다른 한편 정치적으로는 민주주의와 입헌주의를 선도하였고, 경제적으로는 산업혁명을 이루면서 약 200년 동안 최대 제국의 지위를 누렸다. 이런 지위는 후발국가 독일과 두 차례의 충돌을 빚었으며, 그 결과 국력이 약해지면서 미국의 시대로 넘어갔다.

다른 한편 최강국으로서의 제국과 차상위의 패권국가 사이에는 언제나 긴장과 갈등관계가 조성되었고, 많은 경우에 전쟁으로 치달았다고 한

27 Herfried Münkler, 공진성 옮김, 『제국: 평천하의 논리』(서울: 책세상, 2015); Donald Kagan, 박재욱 옮김, 『투키디데스, 역사를 다시 쓰다』(서울: Humanist, 2009); Antonio Negri & Michael Hardt, 윤수종 옮김, 『제국』(서울: 이학사, 2016).

다. 대표적인 예는 고대 스파르타와 아테네의 경우다. 투키디데스는 국제관계학에서 가장 자주 인용되는 문장 하나를 남겼다. "전쟁이 필연적이었던 것은 아테네의 부상과 그에 따라 스파르타에 스며든 두려움 때문이었다."는 말이다. 그에 따르면, 당사국들의 직접적인 의도가 무엇이든, 새로 부상하는 세력이 지배 세력을 대체할 정도로 위협적일 경우에 그에 따른 구조적 압박이 무력충돌로 이어지는 현상은 법칙에 가깝다고 하였다.[28] 과거의 역사에서 이런 일은 실제로 무수히 되풀이 되었다.

그렇다면 현재의 최강 제국인 미국과 패권국 중국과의 관계도 그렇게 될까? 최근에 전개되고 있는 미중 무역전쟁은 냉전의 한 형태로 평가되고 있다. 이와 같은 경제 전쟁을 넘어 열전으로 가는 것은 모두의 불행이다. 다행히도 역사적으로도 제국과 패권국과의 갈등이 항상 전쟁으로 귀결된 것은 아니었다고 한다. 예컨대 대영제국과 미국 간에는 평화적으로 지도국가의 교체가 이루어진 대표적인 예다. 또한 냉전 체제로 각축을 벌였던 미국과 소련도 가까스로 전쟁을 피하고 소련의 자멸로 막을 내린 경우다. 20세기의 양차 세계대전을 경험한 이후 유럽의 강국들은 향후의 세계전쟁은 인류의 종말일 수밖에 없다는 것을 알고 전쟁을 극도로 억지하기 시작했다. 실제로 1945년 이후 이슬람지역을 제외한다면 전쟁은 전반적으로 억지된 상태라고 말할 수 있다. 이런 상황을 감안한다면 미국과 중국의 충돌은 쉽지 않을 것으로 보인다.

---

28 Graham Allison, 정혜윤 옮김, 『예정된 전쟁』(서울: 세종서적, 2017), 16–17쪽에서 재인용.

하지만 미국과 중국의 관계는 고려해야 할 또 다른 심각한 점이 많다. 미국과 영국은 같은 앵글로색슨이었기 때문에 큰 격돌을 피할 수 있었던 데 비해, 미국과 중국의 경우는 서양과 동양, 기독교와 유교와 같은 문명 간 충돌의 측면이 짙게 깔려있다. 그래서 그 교체가 쉽게 이루어질 것 같지 않다.

이런 난항의 한 가운데 있는 우리나라는 외부 환경에 의해 위축되기보다는 오히려 적극적으로 대처하는 의지가 필요하다. 즉 헌법 전문이 말해주듯이 인류공영과 세계평화를 향한 우리의 목표를 분명히 세워야 한다는 것이다. 우리 국민들도 헌법이 말하는 바와 같이 제국의 꿈을 가져야 한다. 열강들로 둘러싸인 한반도에서 주권을 수호하는 일도 긴요하지만 동시에 주권의 적극적 실현이라는 또 다른 과업을 수행해야 하는 것이다. 주권실현이란 헌법제국이 되는 것이다. 헌법제국은 민주주의와 인권, 사회적 복지국가의 실현이라는 보편적 규범을 실현하는 공화국을 말한다. 공화국 건설을 통해 주변 국가들에 대해 선한 영향력을 미쳐 마침내 모두가 동질적 수준의 헌법국가에 도달하고, 그럼으로써 이 지역도 EU와 같이 국경 없는 공동체 건설이 이루어지는 그 날을 소망해 본다.

6. 결론

이 글의 초입에서 명목헌법에 대해서 길게 말했다. 지금은 규범헌법국가가 되었지만 그래도 한 편에서 헌법의 명목성은 계속되고 있다. 우리는 명목적 헌법의 공간을 규범헌법으로 채워나가야 된다. 명목헌법이 존재하는 기간만큼 우리 국민은 예속 상태에서 살아왔다. 왕조시대와 식민지 시대를 거쳐 주권의 바닥을 살면서 자유와 권리를 누릴 수는 없었다. 현행 헌법에서는 많은 국민들이 주권자로서의 지위를 확보했다. 하지만 여전히 공화주의가 강조하는 충분한 비지배적 자유를 누리는 것은 아니다. 그래서 우리는 공화국을 만들어야 한다. 공화국을 만들기 위해 가장 필요한 것이 공화국 시민이 되기 위한 덕성을 갖추는 일이다. 이것은 종전까지 우리를 지배했던 낙후된 사고를 떨쳐내고 새로운 공화국 시민으로 거듭나야 한다.

헌정사 100년 중 독립투쟁, 반독재투쟁, 반군부투쟁으로 이어져 온 투쟁의 관성이 있기 때문에 과거의 정치행태가 하루아침에 바뀌지는 않는 것 같다. 그러나 과거의 논리에 지나치게 오래 머물러 있으면 그 자체가 사회발전의 질곡이 된다. 우리는 지속적으로 변화 성장해야 한다. 일찍이 스코틀랜드 학자들은 "사회과학은 진화하는 서구사회를, 동양학(orientalism)은 반복 순환하는 아시아사회를, 인류학은 미개사회에 머무는 사회를 위한 것이었다. 인도나 동아시아 사회가 근대 시민사회 또는 '세련된 사회'(polished society)로 이행의 문턱을 넘지 못했다고 주장하였다."[29] 아시아인으로서는 듣기 싫은 소리임에 틀림없지만 타산지석으로 삼는 것이 좋을 듯하다. 유구한 역사 속에서 우리에게는 분명 반복 순환하는 습성이 있다. 그것을 혹시라도 자인한다면 하루빨리 과거의 사고방식으로부터의 탈출을 시도해야 마땅할 것이다. 그럴 때만이 우리는 우리의 시급한 헌법과제

29 이영석, 『지식인과 사회』, 대우학술총서 609(파주: 아카넷, 2014), 355쪽.

인 민주공화국을 만들면서 주권수호와 주권실현을 해나갈 수 있을 것이다.

7. 추가: 해방과 자유, 그리고 공화국

공화국은 비지배적 자유라고 했다. 비지배적 자유는 우리가 동의하는 법치주의에 의해서만 달성되는 것이라고 했다. 이에 대한 가장 적절한 비유는 성경의 출애굽기와 여호수아의 진행과정을 통해서 잘 나타나고 있다.

하나님은 자신이 선택한 가난하고 작은 이스라엘 민족을 단련시키기 위해 당시 가장 부유했던 국가 애굽(이집트)의 지배하에 둔다. 400년이 지나 모세를 민족의 지도자로 삼아 이스라엘 백성을 노예에서 해방시켜 젖과 꿀이 흐르는 가나안으로 인도하겠다고 약속하고 그들을 인도한다. 약속의 땅에 들어가기 위해서는 자유인이 되는 훈련이 필요했고, 이를 위해 십계명을 부여한다. 그리고 법도와 규례와 명령 등 수많은 율법을 내려서 엄격한 규범생활을 요구한다. 금방 도달할 줄 알았던 가나안은 오지 않고 광야에서의 40년 지리한 규범생활 가운데 백성들은 불만에 가득차서 하나님을 외면하고 거역한다. 차라리 과거의 애굽 노예시대가 먹을 것도 많고 더 행복했다는 생각마저 한다. 그래서 하나님은 이들에게 벌을 내린다. 애굽에서 해방된 1세대 백성들은 가나안에 입성시키지 않기로 한 것이다. 이들과 함께 모세도 가나안에 입성을 하지 못하였다.

해방 당시 20세 이하의 2세대 청년들에게만 가나안 입성의 기회를 부여하였다. 단, 1세대 백성 중에서 오직 믿음 있는 두 사람 여호수아와 갈렙만이 이들과 함께 할 수 있는 축복을 받았고, 여호수아는 모세의 후계자가 되어 이들의 지도자가 되었다. 새로운 지도자가 된 여호수아에게 하나님은 특별히 자주 엄명을 내린다. "좌로나 우로나 치우치지 말고 오직 내 말을 들으라"는 명령이었다. 이 명령을 잘 지킨 여호수아의 지도하에 이스라엘 민족은 요단강을 건너 마침내 가나안 땅에 도착하였다.

이 이야기에서 가나안은 우리에게 민주공화국에 해당하는 비유이다. 공화국에 들어가기 위해서 우리는 법을 지켜야 한다. 법을 통하여 자유를 얻어야 한다. 노예로부터의 해방이 곧 자유는 아닌 것이다.

2장 공화주의와 나라사랑 -자유는 피보다 진하다

김동규(전 외교부 외무관, 동아시아 정치사상사)

인간은 자유와 가족을 위해 목숨을 걸 수 있다.

보통 인간에게 최대의 공포는 죽음이라고 한다. 또 가장 강한 욕구는 '생존욕구'라고도 한다. 이렇게 일견 죽음의 공포는 '절대적'이다. 그런데 우리는 어떤 상황에서는 뭔가를 위해 죽음을 택하는 때가 있다. 자신의 아이를 구하기 위해 철길에 몸을 던지는 엄마가 그러하고 자신의 명예를 지키기 위해 자살하는 사람이 그러하다. 나라의 독립을 위해 막강한 제국주의 군대에 맞서 장렬히 전사한 독립투사들이 그러하고 독재에 맞서 자신들을 겨냥한 총구를 향해 행진하다 쓰러진 시민들이 그러하다. 우리에게는 죽음의 공포와 함께 이 절대적 공포를 넘어서는 '신비로운' 힘도 있다.

그런데, 이 힘은 어디에서 나오는가?

우리가 국가라는 독립된 정치공동체를 만드는 이유를 '생존욕구' 또는 '죽음에 대한 공포'에서 찾는 정치사상가들이 있다. 사람들이 죽음을 피하기 위해 사회계약을 맺고 치안과 국방을 유지해 평화롭게 살고자한 것이 국가라는 것이다. 그 대표적 사상가가 토마스 홉스(Thomas Hobbes)이다. 그런데, 홉스의 생각은 치명적인 문제를 안고 있다. 국가를 왜 만들어야 하는지를 역설한 홉스의 생각을 철저하게 따르는 경우 아이러니하게도 나라를 만들고 지키려는 '독립전쟁' 같은 것은 피해야 할 것이 된다. 독립을 위해 싸우다가는 목숨을 잃을 가능성이 높기 때문이다. '생존'이라는 관점에서 보면 영국의 식민정책에 반대한 미국인들의 독립전쟁은 잘못된 선택인 것이다. 억압적인 식민정책이라도 묵묵히 참아가면서 목숨을 보존하고 평화롭게 사는 것이 미국인들의 '생존욕구'에 부합하는 것이기 때문이다. 평화롭기만 하다면, 목숨만 유지할 수만 있다면, 지옥의 평화, 노예의 평화도 달갑게 받아들여야 하는 것이다. 홉스 역시 이 문제를 잘 인식하고 있었다. 목숨을 유지하기 위한 계약이 국가를 만드는 계약이라고 이미 말해버린 홉스는 논리의 일관성을 위해 외적의 침입에 맞서 자신의 목숨이 위태로워질 것 같으면 당장 전쟁터에서 도망치라고 권할 수밖에 없었던 것이다. '목숨의 유지'가 가장 중요한 것이기 때문이다. 그리하여 '목숨의 유지'를 위해 뭉쳐진 국가는 외적의 침입 앞에서 쉽사리 와해되어 버린다. '살자고 만든' 국가를 위해 죽을 순 없기 때문이다. '생존'의 정치사상이 국가를 부정하는 무정부적 사상으로 변질될 수 있다는 것이 홉스 사상의 심각한 약점이다.

1. 배부른 노예 vs 배고픈 자유시민

그렇다면 우린 왜 국가 혹은 나라라고 불리는 정치공동체를 만들고 유지하는가? 그것은 자유 때문이다. 다르게 표현하자면, 남의 노예가 되지 않기 위해서다. 나의 운명을 남에게 맡기지 않으려 하기 때문이다. 그런데, 인류에게는 상당한 난제가 하나 있는데 몸 편하고 배도 부른 노예가 될 것인지 아니면 생활이 고달프고 배가 고플지언정 나의 운명을 남에게 맡기지 않는 자유인이 될 것인지를 선택하는 것이다. 이러한 선택을 비근한 예로 설명하자면, 부모님의 잔소리를 들어가면서도 부모님 밑에서 밥 얻어먹으면서 살 것인지 아니면 독립해서 아르바이트라도 해가면서 마음 편하게 살 것인지의 선택 비슷한 것이라 하겠다. 그래도 부모님은 자식을 사랑하는 마음이라도 있기에 잔소리 정도에서 멈추지만, 노예주는 욕설과 채찍질을 제 마음대로 가할 것이다. 노예는 이러한 욕설과 채찍질만 참아내면 식사와 잠자리를 제공받을 수 있다. 현재로서 '노예' 신분은 없어진지 오래지만 '노예주' 같은 '갑질'의 습속과 함께 '노예적' 품성, '노예적' 태도는 세상 구석구석에 여전히 남아 있다.

그런데, 이러한 노예적 인간들로는 나라를 만들고 지킬 수 없다는 점에서 제대로 된 현대 국가라면 이들을 바꿔나가야 할 것이다. 현대 국가는 시민들의 적극적인 애국심에 의해 유지되기 때문이다. 노예적인 사람들은 몸을 편하게 해주고 먹을 것과 잠자리만 준다면 누구의 나라인지 상관없기 때문이다. 프랑스대혁명 이후 나폴레옹이 이끌던 프랑스 공화국의 군대는 유럽 전체에 맞서 파죽지세로 승리를 거뒀다. 민주공화국 프랑스군대의 전사들은 자발적으로 '나라사랑'에 따라 참전했지만, 다른 유럽군대의 군인들은 단지 급료를 위해 병사가 된 '용병'에 불과했고, 또 이 전쟁을 지켜보던 예속적인 지역주민들은 국가의 운명에 아무런 관심이 없는 방관자에 불과했던 것이다. 그래서 독일 철학자 헤겔은 예나전투에서 승리하고 입성하는 프랑스군 사령관 나폴레옹을 '말을 타고 행진하는 역사'라고 칭송했던 것이다. 그에게 프랑스는 '적'이 아니었던 것이다. 어느 정도 예우를 받던 예나 대학 교수가 이 정도이니 농민들이나 다른 서민들이야 말할 나위도 없었다.

2. 시민전사

아리스토텔레스, 마키아벨리, 베버 등 수많은 사상가들은 '시민전사'가 나라 즉 정치공동체를 떠받드는 주춧돌임을 잘 알고 있었다. 시민전사가 아닌 사람들은 나라를 지키기 위해 목숨을 걸지 않는다. 용병들이 그렇고 노예들이 그렇다. 용병은 돈벌이로 전쟁을 할 뿐이고, '자기 나라'가 없는 노예는 전쟁 자체를 피하기 때문이다. 오직 시민전사만이 자신(그리고 혈육)의 자유를 지키기 위해 방어전쟁에 참여한다.

물론 전투 및 전쟁의 양상에 따라 용병이나 노예만으로도 전쟁을 치를 수 있었다. 어떤 시대에는 오랫동안 전술을 연마한 용병이 시민전사보다 더 효과적인 경우도 많았다. 자유가 아니라 부와 명예가 참전의 동기부여가 되는 경우도 많았다. 중세의 기사들이 그러했다. 하지만, 프랑스혁명 이후 소총의 탄환 장전 속도가 빨라지면서 전쟁양상은 바뀌었고, 이에 따라 오랜 기간 전술을 단련한 백전노장 용병을 겨우 한두 달 총 쏘는 법을 배운 시민전사들이 이기기 시작했다. 야간전투나 추격전은 탈영할 위험성 때문에 오랫동안 금기시되어 온 전술이었는데, 용병군대 사이에는 쉽사리 유지된 이러한 일종의 '신사협정'을 탈영의 위험이 적은 시민전사의 군대는 간단히 무시했다. 용병과 달리 시민전사는 애국심으로 움직이기 때문이다. 오와 열을 맞춰 전진하는 용병군대에 맞서 공화국의 시민전사들은 바위에 몸을 숨기는 등 각자의 판단에 맞춰 각개전투로 대응했다. 거기에 야간전투와 추격전을 자유자재로 구사했다. 용병의 시대는 끝났고, 시민전사로 구성된 국민군의 시대가 시작된 것이다. 규모가 크고 애국심으로 무장된 시민전사단의 시대가 열린 것이다.

3. 가족국가 또는 혈연민족주의

혁명 프랑스군대에 패배한 프로이센 등 보수적인 유럽국가들도 용병제를 폐지하고 애국심이 필수적인 새로운 전술, 새로운 군대를 받아들이기 시작했다. 하지만, 시민전사들에게 모든 것을 넘겨주기에는 왕과 귀족의 욕심이 강했다. 이들 국가는 주민들에게 자유를 조금만 허락하면서도 국가방어에 이들을 동원(징병)하는 비법을 알아냈다. '가족'에 대한 사랑을 확대한다는 이데올로기가 그것이다. 사람은 자유뿐만 아니라 혈육을 위해서도 목숨을 걸 수 있기 때문이다. 그런데, 문제는 혈육의 정은 그리 멀리까지 펼쳐지기가 어렵다는 점이다. 4촌에 대해서는 혈육의 정이 어느 정도 있다고 해도 100촌까지는 정이 있을 리 만무하기 때문이다. 자신에게 자유를 만끽할 수 있도록 보장해주는 나라에 대해 사랑이 생기는 것은 자연스러운 것이지만 국가 전체를 하나의 '가족' '혈육'으로 여기도록 하는 것에는 수많은 인위적인 유인이 필요하며, 그럼에도 그 효과는 의심스러운 것이다. 자연스럽지 않기 때문이다.

일본에서는 이러한 혈연민족주의 프로젝트를 '가족국가'라고 불렀다. 일본민족은 모두 아마테라스의 자손들로서 천황가를 종가로 하는 하나의 거대한 가족이라는 이데올로기다. 이러한 가족국가의 구성원으로서 '일가'인 제국주의 일본의 영광에 자부심을 느끼고, 또한 주변의 열등한 민족들을 경멸하면서 살아가는 것이 일본의 민족주의였다. 자유를 중심으로 하는 공화주의는 외부인들에 대한 '경멸'이나 '미움'이 필요치 않다. 내가 자유로워지기 위해 남을 배타할 필요는 없기 때문이다. 하지만, 배타성에 기반한 가족국가는 남에 대한 경계와 미움이 꼭 필요하다. 가족국가라는 것은 아무런 내용도 없이 단지 우리와 남을 구분할 뿐인 정치공동체이기 때문이다. '남'이 없으면 '우리'가 있을 수 없기 때문에 반드시 '우리'는 '남'을 필요로 한다. 혈연민족주의는 '남'을 의식하도록 하면서 '우리'를 의식하게 되는 이념체계이다.

하지만, 내용도 없이 '우리'와 '남'이라는 이런 공허한 구별만을 중시하는 가족국가로는 진정한 나라사랑을 만들어낼 수 없다. 죽음을 불사하는 가미카제 특공대를 보면서 일본 국민의 애국심을 두려워한 미군은 1945년 극도의 긴장 속에 일본에 상륙했다. 하지만, 미군이 발견한 것은 자신들을 열렬히 환영하는 일본주민들이었다. 일본 정치학자 마루야마 마사오도 천황의 항복 발표를 들은 주민들 사이에 뭔가 안도하는 듯도 하고 즐거워하는 듯한 분위기가 감돌았다고 증언하는데, 가족국가는 이렇게도 취약한 것이다. 만약 이들이 공화국의 시민전사들이었다면 개중에는 결사항전을 다짐하며 게릴라전에 나서는 사람들도 있었을 것이다. 제국주의 일본에서 실제 '시민전사'라고 할만한 일부 지배계층을 제외한 대다수의 주민들은 단지 동원되었을 뿐이었고, 가족국가라는 이데올로기로는 진정한 나라사랑을 만들 수 없었다. 사실 혈육의 애정이 없는 가족은 가족이 아니기 때문이다.

4. 법의 지배

정치공동체를 지키는 힘은 결국 자유에 대한 사랑인데, 자유는 법에 의해 지켜진다. 한명의 예외도 없이 모두에게 똑같이 적용되는 법에 의해 우리는 잠을 편히 잘 수 있고, 집을 떠나도 집이 남에 의해 점거되지 않을 것임을 안다. 그리고 이 법은 내가 동의해서 만든 내용이라 그 법에 의해 비록 자유가 제한되더라도 결국은 내 자유를 단단히 지켜주기 위한 것임을 잘 안다.

국민 간의 약속에 의해 법질서를 만들기 전 사람들에게는 '자연적' 자유가 있다. 우리가 제 마음대로 하겠다는 '주관적' 자유가 있다. 하지만, 혼자 사는 무인도가 아닌 이상 많은 사람들이 이렇게 제 마음대로 살겠다고 하면 서로 충돌하게 된다. 좌측통행이니 우측통행이니 같은 기본적인 약속이 없는 상황에서는 길을 걸어가는 것에서부터 충돌이 일어난다. 서로가 서로를 믿을 수 없어서 농사도 지을 수 없고 문예활동이나 창작활동도 할 수 없고 심지어는 잠도 편하게 잘 수 없다. 봄에 씨를 뿌려 여름 내내 농사를 지어봤자 가을에 수확하기 하루 전 일 년치 수확을 도둑맞게 될 테고 수년간의 연구 노력 끝에 뭔가를 발명해봤자 그 다음날 남이 베껴버린다. 언제 도둑을 맞게 될지 언제 강도를 당하게 될지 몰라 그 어떤 사회활동도 할 수가 없게 된다. 심지어는 천하장사 같은 힘센 몸을 가진 사람조차도 마음 편하게 잠을 잘 수가 없다. 그가 아무리 강해도 잠에 빠져든 동안만큼은 어린 소녀만큼이나 취약해지기 때문이다.

이러한 '자연적' '주관적' 자유는 아무런 자유도 아니다. 그래서 인간들은 법을 만들고 이를 지킨다. 내가 남의 자유를 지켜주면 남은 나의 자유를 지켜준다. 그래서 우리는 가을에 수확할 것을 믿고 봄에 씨앗 뿌리고 여름 내내 땀 흘리면서 농사를 짓는 것이다. 그리고 매일 밤 다리 쭉 뻗고 마음 편히 잠을 잘 수 있게 되는 것이다. '자연적' 자유를 서로 제한하면서 확실한 '사회적' '법적' 자유를 보장받게 되는 것이다.

하지만, 일부의 힘세고 돈 많은 사람들은 제 맘대로 생활하는 '자연적' 자유를 회복하려 한다. 즉, 법의 지배에서 벗어나 제멋대로 행동하는 '무법자'가 되고 싶은 것이다. 이들은 힘과 돈으로 입법, 행정, 사법을 담당하는 관리들을 타락시키면서 '법의 지배'에 구멍을 내고 이를 통해 유유히 무법의 세계로 빠져나가려 한다. 빈부격차가 너무 심한 나라에서는 이러한 관리들의 부패뿐만 아니라 배고픈 사람들의 자발적 노예화도 일어날 수 있어 '무법'의 공간은 더욱 확대된다. 예컨대, 빈부격차가 너무 심하고 사법관리들의 부패가 심한 나라에서 부자가 전관예우를 받는 고액수임료의 변호사를 쓰면 쉽사리 소송에서 이기게 될 것이다. 또한 극도의 빈곤에 빠진 경우 많은 사람들은 돈 몇 푼에 '법 앞의 평등'을 포기할 유혹을 느끼게 된다. 돈 몇 푼 받고 '위증'이나 '합의'를 해줄 수 있는 것이다. 너무나 배가 고픈 나머지 '배고픈 자유'의 길을 포기하고 '배부른 노예'의 길을 택하는 것이다. 사회경제적 불평등은 이렇듯 법의 지배를 위협할 수 있는 것이다.

법질서는 시장에서의 기업활동에서도 지켜져야 하는데, 독점기업이 지배하는 경제질서 속에서는 이 역시 지켜지기 어렵다. 독점이윤을 누리는 기업소유주 가문은 이 독점이윤으로 행정, 입법, 사법시스템을 부패시킴으로써 자신들의 지위에 도전하는 창업자들이 등장하는 것을 막고, 독점에 도전하게 될 기업가정신이 말라버리도록 한다.

5. 다수파의 민주주의, 모두의 공화주의

그런데, 일부에서는 이러한 자유로운 공화국을 만드는데 다수결, 즉 '다수파의 지배'를 바탕으로 하는 민주주의를 강화하는 것으로 충분하지 않은가라고 묻는다. 물론 민주주의가 타락하지 않은 경우엔 그러하다. 하지만, 왕정이나 귀족정과 마찬가지로 민주정(민주주의)도 타락할 수 있다. 타락하지 않은 좋은 군주는 왕권을 가지고 나라 전체를 챙기지만 타락한 군주는 자기 자신만을 챙긴다. 타락하지 않은 좋은 귀족정은 나라 전체를 챙기지만 타락한 귀족정은 귀족만을 챙긴다. 마찬가지로 좋은 민주정은 나라 전체를 챙기지만 타락한 민주정은 다수파만 챙긴다. 다수결로 모두를 챙기는 나라가 유지된다고 하는 것은 민주정을 너무 절대시한 것이다.

다수결로 국가의 정책을 좌우할 수 있는 민주정에서, 예컨대 타락한 51%가 단결해 나머지 49%를 착취하는 정책들을 추진한다고 해보자. 심지어 모든 정책수단과 심지어 입까지 막아 49%를 완전히 침묵시킨다고 해보자. 이 소외된 49%에게 나라사랑을 기대할 수 있을까? 이 49%의 분노, 저항, 체념은 어떤 모습을 띠게 될까?

1인이 통치하는 왕정(monarchy)이든 소수 엘리트가 통치하는 귀족정(aristocracy)이든 또는 다수파가 통치하는 민주정(democracy)이든 나라의 정책수단을 운전하는 통치세력이 자신들만이 아니라 모두를 챙기도록 유도하는 장치가 있는데, 이것이 '공화주의적' 장치들이다. 대표적인 것이 언론의 자유, 표현의 자유 같은 것이다. 우리 헌법은 기본권 부분과 통치구조 부분이 있는데, 대략적으로 기본권 부분이 공화주의적이고 통치구조 부분이 민주주의적이라고 하겠다. 통치권에서 배제된 사람들이 완전히 소외되지는 않도록 하는 장치들이 있는 것이다.

이러한 공화주의적 장치들이 무너지면 소외세력은 통치권을 잡기 위해 비제도적인 방법으로 도전하려 할 것이며, 그렇게 되면 통치권의 구성, 재구성은 제도가 아닌 힘과 힘의 충돌에 의해 이뤄지게 될 것이다. 이렇게 되면, 과거 조선이 중기, 후기로 가면서 사화와 당쟁을 거듭했던 것처럼 현재 우리 사회도 역시 사화와 당쟁의 소용돌이에 빠지게 될 것이다.

6. 폭민의 위협

사람은 한 나라의 통치권을 쥐게 되면 오만해질 위험성이 있다. 자신이 나라의 운전대를 잡고 있다는 생각에서다. 하지만, 통치권을 쥐고 있기에 이러한 오만함을 자기통제(자제)해야 하고 또한 주변의 수많은 사람들로부터 정보와 아이디어를 넓게 얻어 신중하게 결정해야 한다. 통치자가 포악한 통치자가 아닌 현명한 통치자가 되기 위해서는 이렇게 자기통제(자제)와 교육이 꼭 필요하다. 회사를 운영하는 좋은 CEO는 주변 참모들에게 자신이 좋은 판단을 내릴 수 있도록 '잘 교육시켜 달라'고 주문한다. 주변 참모들이 수집한 정보와 지식을 잘 전해달라는 주문이다. 우리는 자기통제(자제)와 교육이 없는 군주를 폭군이라 부른다. 마찬가지로 민주주의 시대에 한 나라의 통치권을 쥔 다수파 국민이 자제와 교육을 거부하는 경우 이들은 '폭민'이 되는 것이다. 폭군이 왕정을 위협하듯 폭민은 민주공화정을 위협한다.

폭군이나 폭민이나 포악한 통치자는 귀에 거슬리는 조언을 참지 못한다. 참는 훈련을 받지 못한 사람들이다. 그래서 폭군은 귀에 거슬리는 조언자를 감옥에 가두거나 처형해서 침묵시킨다. 마찬가지로 폭민은 귀에 거슬리는 논의가 이뤄지는 곳에 꽹과리를 치면서 난입하고 재를 뿌리고 사람들에게 모욕을 주면서 논의를 중단시킨다. 모욕을 받은 사람들은 침묵에 빠진다.

그런데 이러한 폭민에 의해 언론이 침묵하게 되어 그 어떤 정치공동체 개선을 위한 '숙의'도 가능하지 못하게 되면 정작 몰래 웃는 사람들은 법의 지배를 깨고 자신들만의 '무법 공간'을 만들고자 하는 힘세고 돈 많은 사람들이다. 이들의 '무법'이 폭민의 '무법'과 한편이 되는 것이다. 이렇게 이 두 '무법'이 합쳐져 법의 지배와 숙의의 공간이 무너지게 되면 민주공화정은 서서히 무너지게 되는 것이다. 고대 로마의 공화정을 무너뜨린 것은 카이사르 같은 강력한 힘과 부를 가진 세력과 이들의 선동에 흥분한 폭민들이었다.

7. 떠나는 나라에서 모이는 나라로

법의 지배, 모두의 자유, 나라를 개선하기 위한 숙의가 무너져 시민이 점차 자유를 상실하게 되고, 일부 힘센 사람들이 '무법의 공간'을 만들어 약한 사람들에게 '갑질'을 일삼으면서 이들을 노예처럼 대하게 된다면, 시민으로서의 자유를 빼앗긴 사람들은 이 나라를 떠나게 된다. 한반도는 19세기 후반 이후 지금껏 떠나는 공간이었다. 양반들의 등쌀에, 일본제국주의의 등쌀에, 해방이후엔 가난 때문에, 그리고 지금은 자유로운 시민으로서 누려야 할 것을 잃어가고 있다는 절망 속에서 많은 사람들이 이 나라를 떠나고 있다. 기득권층이나 어느 정도 삶을 보장받는 정규직이 못 되는 사람들이 미국으로 호주로 캐나다로 일본으로 떠나고 있다. 최근에는 일본으로 제2의 재일동포가 될지도 모르는 수많은 젊은이들이 일자리를 찾아 새 삶을 찾아 흘러들고 있다. 일제강점기 때만큼이나 많은 일본으로의 이주가 현재 이뤄지고 있다.

자유가 보장되지 않는 절망의 땅에서는 출산도 이뤄지지 않는다. 경제적인 이유나 다른 사회적인 이유도 있지만, 자신이 겪는 이 고통을 자신의 자식들에게 대물림해주고 싶지 않다는 간절한 이유 때문이기도 하다. 살아있는 사람은 떠나고 태어날 사람들은 태어나지 않는 한국은 현재 세계에서 가장 낮은 출산율을 보이고 있는데, 이 추세라면 한국은 자연스럽게 축소되고 소멸되어 갈 것이다. 인구 13억의 중국과 1억 3천만의 일본 사이에서 더더욱 왜소한 나라로 전락해 갈 것이다.

사람은 자유를 위해서라면 죽음을 두려워하지 않는다. 자신이 뜻하는 것을 마음껏 펼칠 수 있는 자유, 힘과 돈이 없어도 남의 눈치를 보거나 남에게 복종하지 않아도 되는 자유가 이 땅에 주어진다면, 일부가 아닌 모두가 자유로운 공화국을 확립시킨다면, 사람들은 제비가 봄을 찾아 날아들 듯 자연히 이 땅으로 몰려올 것이다. 떠난 사람들은 돌아 올 것이며 태어날 아이들은 태어날 것이다. 인간이 자유를 찾는 것은 자연스러운 일이다.

3장 민주공화국: '통합과 공존의 정치' 구현

조 민(통일연구원 석좌연구위원, 정치학박사)

1. 진영논리와 이분법 정치

한국의 정치사회는 진영논리와 진영대결로 극심한 갈등 양상을 드러내고 있다. 역사, 경제, 정치, 언론, 시민사회 등의 모든 영역에서의 '편 가름'이 증오와 대결 국면으로 치닫고 있다. 이런 상황에서 '통합과 상생'을 외치는 소리는 공허한 메아리로 맴돌 뿐이다. 진영논리와 진영대결은 정치권과 언론에서 비롯된다. 여론전과 선거에서의 승리를 위해 정치권은 진영논리에 기반을 둔 이분법 정치로 끊임없이 국민을 분열시켜 왔으며, 언론은 진영논리의 도구적 기능을 충실히 수행하고 있다.

(1) 우리 시대의 자화상: '한 민족, 두 나라' '한 나라, 두 국민'[1]

분단과 분열은 우리 시대의 자화상이다. '한 민족, 두 나라'는 지금까지 지속되고 있는 민족 분단이며, '한 나라, 두 국민'은 국가 분열 상태를 말한다. '한 민족, 두 나라'의 분단국가 상태가 해소되어 하나의 국가체제로 되는 민족통일(national unification)이 우리가 가야할 길이다. 그와 함께 '한 나라, 두 국민'의 분열 상태가 극복되어 하나의 국민 형성이 우리가 추구하는 국민통합(national integration)을 이루는 길이다. 분단과 분열은 서로 다르다. 분단은 남북한 간의 문제라면, 분열은 남한 사회 내부의 고유한 문제이다. 여기서 분열을 극복하는 국민통합의 문제는 이념 간, 계층 간, 지역 간, 세대 간의 갈등을 아우르는 과제라고 할 수 있다. 남한 사회 내부의 정치적, 경제적, 사회적 분열이 해소되어 통합의 토대가 마련되지 않는다면 남북 간 분단의 극복은 요원하고 통일의 지평을 열어 나가기 어렵다. 이처럼 분열과 분단 극복이야말로 우리 시대의 지상(至上) 과제가 아닐 수 없다.

지금 우리 사회는 중산층의 몰락과 함께 점점 심화되는 양극화 구조 속에서 공동체는 피폐해졌고 거의 해체되고 말았다. 세계는 한국이 짧은 기간에 기적이라고 할 만한 산업화와 민주화를 한꺼번에 성취한 나라로 부러움과 호기심으로 바라보고 있지만 일자리, 자살율, 출산율·고령화, 청소년 불행지수 등 국민 생활의 여러 부문에서 OECD 국가 가운데 최악의

---

1 조민, "한국 사회의 갈등 구조와 극복 방안 – 헌법 정신의 구현과 정치의 복원 –," 민족화해협력범국민협의회, 『한반도 신뢰의 길을 찾는다』(서울: 선인, 2013) 12쪽 참조.

상태에서 벗어나지 못하고 있는 실정이다. 말하자면 경제적 성장에도 불구하고 한층 심화되는 불평등, 부정의, 불공정은 함께 가야할 공동체의 미래를 매우 불투명하게 만든다. 성장과 효율 중심의 신자유주의적 시장경제체제 발전 방식은 한계에 부딪쳤다. 여기서 시장과 국가, 분배와 성장 패러다임을 둘러싸고 두 편으로 나누어졌다. 이처럼 한국 사회의 갈등 구조의 특징으로 자본주의적 시장경제의 세계화로 인한 보편적 모순을 한 편으로 하면서, 우리는 분단 모순에 따른 한국 사회의 특유한 갈등과 분열구조가 중첩되었다.

우리 사회를 가르는 단층선은 두 측면에서 뚜렷이 드러난다. 하나는 두말할 나위 없이 사회경제적 계층 구조에서 굵게 패인 단층선이다. 이러한 단층선은 대개 연대를 중시하는 '복지연합'과 효율을 강조하는 '성장연합' 간의 갈등으로 나타났다. 다른 하나는 앞에서 말했듯이, 마치 한반도를 남북으로 두 동강낸 분단선과 같이 우리 국민들이 두 쪽으로 갈라졌다는 사실이다.

우리 사회 분열구조의 특성은 누구나 지적하듯이 이분법적 흑백논리, 선악논리에 뿌리내리고 있다. 더욱이 이러한 이분법적 논리는 진보좌파 대 보수우파의 진영논리로 드러난다. 진영논리는 '이념과 지역의 근친성' 속에서 자연스럽게 '영남보수 vs 호남진보'의 대치 구도를 형성했고, 그러한 구도 위에서 중간 영역을 끌어 들이는 '편 가르기' 전략으로 나타났다. 그 결과 이념과 지역에 따른 분열은 다양한 선거를 계기로 부각되는 정치적 선택 국면마다 극심한 대립과 갈등 양상으로 분출되었고 선거 후 또다시 재구조화되는 악순환을 거듭하여왔다.

분열은 이념, 계층, 지역, 세대 간의 '편 가름'으로 우리 사회의 공동체의 내파(內破) 상황에서 나타날 수밖에 없는 현상이다. 최근 우리 사회의 갈등은 일부 소수의 시대착오적이고 그릇된 이념적 편향에서 야기된 점도 없지 않지만, 이를 우리 사회의 갈등과 분열의 본질적인 요인이라고 보기는 어렵다. 어느 면에서는 보수우파의 구(舊) 기득권 세력과 이에 도전해온 진보좌파의 신(新) 기득권 세력 간의 헤게모니 투쟁으로 파악할 수 있다.

한국 사회의 지배 권력은 네 부문으로 나눠볼 수 있다. 이는 정치권력, 경제권력, 사회문화적 이데올로기 권력, 그리고 도덕권력으로 구분된다. 민주화 시대 이후 지금까지 좌우파 정권은 교대로 정치권력을 장악해왔다. 여기서 보수우파의 기득권 세력은 재벌과 시장지배세력, 법·정치세력, 거대 언론, 대형 종교단체, 교육계 등의 보수연합세력으로 범주화된다. 이들은 반대편으로부터 흔히 탐욕, 부패, 불공정·부정의, '친일' 세력으로 비난받는다. 최근 보수우파의 지지 기반이 점차 약화되는 가운데 여전히 경제권력 측면에서의 우위는 유지되고 있다. 이와 달리 진보좌파의 경우 민주화 이후 경제권력을 제외한 다양한 부문에서의 헤게모니가 한층 강화되었다. 우선 집권을 통한 정치권력의 장악, 비판과 저항의 문화예술 운동의 축적을 통한 좌파적 이념과 가치의 정당성 확보로 곧 사회문화적 이데올로기 권력 장악, 그리고 민주화 시기 투쟁과 희생으로 정당성 확보를 통한 도덕권력 창출 등으로 한국 사회의 권력지형을 크게 바꾸어 놓았다. 이들은 반대편으로부터 흔히 독선, 위선, '종북'(빨갱이) 세력으로 비난받는다. 어쨌든 시장과 경제권력 장악의 문제가 해결될 경우 실질적으로 한국 사회의 '주류 교체'가 이루어지게 된다.

(2) 패러다임 충돌: '시장과 안보' vs '국가와 평화'

그러나 21세기 한국의 현실은 보수우파나 진보좌파 어느 쪽도 미래를 책임질 비전이나 역량을 보여주지 못한다. 뿐만 아니라 어느 쪽도 정치적 정당성을 확보하지 못한 채 민주주의적 규범과 가치마저 내동댕이치고 있는 모습이다. 스스로를 되돌아보는 성찰적 보수, 이념보다 현실을 존중하는 합리적 진보가 기대되지만 오히려 서로를 이해하고 존중하는 공존의 윤리와 규범은 이미 희화화(戱畵化)되고 말았다. 사회적 소셜네트워크(SNS)를 통한 극단적 주장과 댓글 달기는 서로 상대방을 비난하면서 노골적으로 편을 갈라 언어폭력을 쏟아내는 마당이 되고 있다. 이런 상황 속에서 성찰적·합리적 담론은 설 자리를 찾지 못한다. 절제된 언어는 가식적 언어가 되고, 공론의 장(場)에서 저열하고 무책임한 소리들만 난무한다.

여기에다 최근 유튜브(YouTube) 현상이 진영논리의 확증편향(確證偏向, confirmation bias)을 더욱 부채질하고 있다. 확증편향은 '보고 싶은 것만 보고, 듣고 싶은 것만 듣고, 믿고 싶은 것만 믿는' 성향을 말한다. 유튜브는 자기 진영의 신념과 편견을 확인하고 상대 진영에 대한 증오와 대결 의식을 부추긴다. 공존의 영역을 훼손시키는 유튜브의 부정적 기능을 주목할 필요가 있다.

한편 분단으로 인한 갈등은 한층 소모적이고 퇴행적인 이념 논쟁으로 나타난다. 그 결과 '제3지대' 또는 상호 공존 영역이 사라지면서 극한적 대치선이 형성되었다. 우리 사회의 좌우파 구분은 북한 문제 즉, 대북 정책을 경계로 뚜렷이 전선이 형성되어 왔다. 대북 문제를 둘러싼 남남갈등은 북한의 체제유지를 위한 핵전략과 대남도발 그리고 대남전략에서 기인하는 측면이 크다. 남남갈등은 북한 체제의 존재이유, 생존전략 방식에 대한 이해, 대북정책의 원칙과 방향, 한반도 통일 문제 등 여러 사안들에서 서로 상충적이고 비타협적인 형태로 나타난다. 보수우파의 '시장과 안보', 진보좌파의 '국가와 평화' 패러다임과의 충돌이라고 하겠다.

이처럼 우리 시대의 자화상인 '분단과 분열'은 서로 내재적 맞물림 속에서 악순환 구조를 이룬다. 분단 극복과 통일로 가는 길은 우리 사회 내부의 극심한 분열 상태를 극복하고 최소한 국민통합을 이루는데서 찾을 수 있다. 분단 구조 자체, 남북 분단으로 인한 이념, 가치, 역사관, 정통성 문제, 북한체제에 대한 태도 등에서 기인하는 분단 모순이 우리 사회의 내적 통합을 가로막는 요인이기도 하다. 불안하고 불확실한 미래로 힘들어하는 대부분의 대학생을 비롯한 젊은 세대, 자칫 나락에 빠질지도 모르는 두려움 속에서 "하루하루 살아가는 것이 전쟁이다"고 절규하는 대부분의 사람들 앞에서 북한 문제와 민족 미래인 통일을 말하기는 쉽지 않다. 통일비용보다는 분단폐해가 엄청나며, 통일이 한국 경제의 활로를 여는 '블루오션'이라고 설득해도 '20:80'의 사회에서 '오늘보다 내일이 더욱 불안한' 붕괴된 공동체의 위기 앞에서 청년층에 통일 문제에 대한 경청을 요청하기는 힘들다.

정치사회적 갈등은 선·악, 흑·백 논리로만 파악될 수 있는 것이 아니다. 그럼에도 한국 사회는 산업화와 민주화 시대를 거치면서 이분법적 논리 구도에 익숙해져왔으며, 최근까지 통상적인 의미에서 진보좌파와 보수우파의 진영 논리가 약화되기는커녕 오히려 한층 강화되는 모습을 보였다. 분열과 통합의 문제는 한국 민주주의의 위기 – 민주주의의 위기는 요인이자 결과로 볼 수 있는데 – 측면에서 접근할 수 있다. 분단과 통일의 문제는 21세기 세계사적 추세와 인류 문명의 보편적 규범 위에서 한반도 주민 모두의 삶과 미래에 대한 책임과 소명감 속에서 접근해야 한다.

2. 무너지는 민주주의

(1) 민주주의 위기 요인

21세기 글로벌 차원에서 민주주의가 위기에 처했다. 오늘날 미국을 비롯한 서구 민주주의의 발생지에서조차 민주주의는 서서히 죽어가고 있다. 어느 누구도 21세기의 민주주의가 위험에 빠지고, 세계 곳곳에서 붕괴되는 현실을 목도하리라고는 생각하지 못했다. 민주주의의 붕괴는 총칼이 아니라, 투표함에서 붕괴가 시작된다. 냉전시대 민주주의의 죽음은 대개 총을 든 군인에 의한 것이었다. 그러나 지금은 군부 쿠데타가 아닌, '선출된 독재자'가 대중 동원의 포퓰리즘을 통해 민주주의를 붕괴시킨다. 그야말로 '민주적이고 합법적인' 방식으로 민주주의를 전복시킨다. 지금 전 세계 많은 국가가 탈(脫)민주체제로 퇴행 중이다. 미국의 트럼프 대통령의 당선이나 EU 국가들의 포퓰리즘 현상은 민주주의 본산에서 민주주의가 무너지고 있는 현실을 말해준다.

민주주의 위기는 세 측면에서 찾아왔다. 첫째, 민주주의의 위기는 경제적 불평등과 양극화에서 기인한다. 제4차 산업혁명과 21세기 첨단기술의 궤적은 중간계급을 잉여의 존재로 밀어낸다. 지금도 자본주의적 시장경제의 미래에 대한 불확실한 전망 속에서 세계적 불평등과 양극화 문제 해결에 대한 뚜렷한 대안을 발견하기 어렵다. 둘째, 최근까지 서구 사회에 한정된 측면이 있지만, 이민 문제가 가져다 준 충격과 사회적 균열이다. 중동과 중·동부 유럽 지역에서 EU 복지국가로 밀려들어오는 이민의 물결은 이들 국가에 사회문화적 혼란과 경제적 부담을 주었다. 그에 따라 개별 국민국가 중심의 자기충족적인 정치구조와 질서가 크게 흔들리면서 배타적 행태가 강화되고 극단주의가 자라난다. 여기에 배타적 적대감과 자국민 중심의 대중 선동의 포퓰리즘이 선거를 통해 대중의 지지를 얻으면서 민주주의의 가치와 규범이 위협받고 있다. 전 세계적으로 배타적 민족주의의 부활이 크게 우려되는 현실이다.[2] 셋째, 민주주의의 문지기(gatekeeper)인 정당의 역할과 기능의 작동 불능으로 민주주의는 무너지고 말았다. 이와 관련하여 레비츠키(Steven Levitsky)와 지블렛(Daniel Ziblatt) 두 사람은 트럼프 당선 직후, 세계에서 가장 역사가 깊고 가장 성공적이 미국에서 민주주의의 쇠퇴와 붕괴를 경험한 현실을 돌아보면서, 전 세계 많은 나라에서 매우 유사한 패턴으로 민주주의가 무너졌다고 한다.[3] 그들은 '후보를 가려내는 역할을 내던진 정당', '경쟁자를 적으로 간주하는 정치인', '언론을 공격하는 선출된 지도자', '합법적인 심판(법원) 매수 또는 교체' 등이 민주주의

2 야스차 뭉크, 함규진 옮김, 『위험한 민주주의—새로운 위기, 무엇이 민주주의를 파괴하는가*The People versus Democracy*』 (서울: 미래엔, 2018), 251—277쪽.

3 스티븐 레비츠키·대니얼 지블렛, 박세연 옮김, 『어떻게 민주주의는 무너지는가*How Democracies Die*(NY: Crown 2018)』(서울: 어크로스, 2018), 95—123쪽; (서평) G. John Ikenberry http://www.foreignaffairs.com/reviews/capsule-review/2018-02-13/how-democracies-die; http://www.theguardian.com/us-news/commentissfree/2018/jan/21/this-is-how-democracies-die.

붕괴의 명백한 신호들임을 밝혔다. 여기서 극단적인 포퓰리스트들이 발호하게 되면서 오늘날 민주주의는 세계 도처에서 이렇게 죽어가고 있다.

현대 국가는 대개 민주주의 이념을 담은 헌법과 법·제도를 갖추고 있다. 그러나 헌법과 법·제도가 민주주의의 최후 보루는 아니다. 선출된 독재자가 대중 독재로 기운다면 헌정 체제는 한갓 장식용으로 전락하고 만다. 민주주의를 파괴 과정에서 구해야 한다. 미국의 경우 민주주의는 정치적 경쟁자를 인정하는 '상호 관용(mutual tolerance)'과 법적 권한의 행사를 신중히 여기는 '제도적 자제(institutional forbearance)'로 지탱될 수 있다.[4] 다시 말해 헌법 같은 '제도'가 아닌 상호관용이나 제도적 자제와 같은 오래된 전통의 보이지 않는 '규범'이 민주주의를 지킨다는 말이다.

위험에 빠진 민주주의! 우리 한국도 결코 예외는 아니다. 흔히 한국은 산업화와 민주화 두 마리의 토끼를 한꺼번에 잡은 매우 성공적인 나라로 얘기되고 있다. 그러나 어느 나라 보다 매우 빠른 속도로 진행된 극심한 불평등과 양극화의 갈등 구조로 산업화의 빛이 바랬다. 오랜 시기 동안 많은 희생을 통해 억압과 배제의 논리를 극복해온 민주화도 지금 새로운 딜레마에 부딪혔다. 오히려 한국 민주주의의 경우도 선거에 의한 '민주적' 절차와 방식에도 불구하고 탈(脫)민주적인 뒤틀리고 왜곡된 모습을 드러내고 있다. 한국의 민주화는 군부독재와 권위주의체제에 대한 저항과 거부의 논리였다. 민주화 운동은 거부와 타도의 논리로 피억압 민중의 지지를 끌어낼 수 있었다. 군부독재와 수구(守舊) 기득권 세력의 타도로 곧장 민

4 앞의 책, 127–149쪽.

주주의의 도래를 기대했다. 그러나 삶의 영역에서나 정치적 영역에서나 질적으로 고양된 민주주의는 여전히 미완의 형태로 남았다. 거부와 타도의 열정이 결코 창조와 건설의 과업을 수행하는 자산은 아니었다.

(2) 한국 민주주의와 '촛불시민'

한국 민주주의의 주역은 '촛불시민'인가? 최근 한국의 민주주의는 거리로 뛰쳐나온 시민의 집단적 분출로 결정되는 모습이다. 국가운영의 원칙과 방향이 '민심'과 여론에 의해 결정된다면, 이를 민주주의의 올바른 실현 또는 공화주의의 구현으로 볼 수 있을까? 정치가 민심과 여론에 귀를 기울여야 함은 당연한 얘기지만, 민심의 집단 분출을 정치적 과제로 수렴시킬 수 있을 때 비로소 민주주의의 비전과 전망에 대한 기대가 가능하다.

한국의 촛불 민주주의는 우리 스스로 놀랬고 세계도 경탄해마지 않았다. 2016년 11월부터 2017년 3월 초까지 토요일마다 21주에 걸쳐 연인원 1,700만 명의 시민들이 광화문에 쏟아져 나와 촛불을 들었다. 촛불 시민들은 평화롭게 시위를 벌려 헌법 절차에 따라 마침내 대통령 탄핵을 이끌어냈다. 이 놀라운 촛불시위로 엄청난 집단적 열정의 분출은 이전과는 전혀 다른 형태로 나타났고 정치권까지 촛불시위의 소용돌이 속에 휘말렸다. 국회의 대통령 탄핵 가결과 함께 마침내 헌법재판소의 탄핵 인용으로 박근혜 정권은 몰락하고 말았다. 길지도 않은 시간 동안 한국 헌정사에서 매우 특이한 장면이 연출되었다. 그 후 집단적 열정의 분출 속에 대통령 탄핵이라는 정치적 드라마가 끝나자 시민들은 다시 일상의 삶의 세계로 되돌아갔다. 집단적 카타르시스의 승리감에 도취했고, 선거를 통해 정권이 교체되면 새로운 세상이 열리고 새로운 정치의 시대가 도래할 것으로 믿었다. 그런데 그 후 한국 정치에서 무엇이 변했는가? 현실 정치는 여전히 무력하고 냉소 대상에서 전혀 바뀌지 않았다. 그 간격이 길든 짧든 열정의 분출과 문제 제기에도 불구하고 현상을 온존시키는 일상 정치의 회귀가 되풀이되는 하나의 사이클이 만들어지게 되었다.[5]

촛불시민은 어쨌든 다시 한 번 한국 민주주의의 주역으로 우뚝 섰다. 문재인 대통령은 "촛불혁명의 대열... 촛불민심만 생각... 촛불의 염원을 현실정치 속에서 구현하고 나라다운 나라를 만들기 위해 온 힘을 다해 온" 소회를 밝혔다(2019.1.25). 여기서 문 대통령은 '촛불 민심', '촛불의 염원'이 민주주의의 토대이자, 민주주의의 구현 방식으로 여기는 모습을 드러냈다. 더욱이 '촛불의 염원'을 이루는 것을 현실 정치의 목표로 삼아 나라다운 나라를 만들겠다는 생각인데, 여기서 '나라다운 나라'는 민주공화국의 이념과 정치적 실천과 어떤 관련성을 가질까? 지금 한국 정치의 현실에서 돌이켜보면 2008년 봄의 촛불이 2016년 가을~2017년 봄 사이의 촛불로 되살아났지만, 민심의 집단적 분출과 정치적 승화 즉, 민심 분출의 요인의 근원적 해결은 기대하기 힘든 실정이다. 대한민국의 향방과 민주주의의 문

5 2008년 이명박 정부 출범과 함께 광우병 사태가 터졌으며, 광장의 시민들은 촛불을 들었다. 민주주의와 촛불시민과의 관련성에 대해 최장집은 "'촛불시민' '촛불민주주의'는 새로운 시민, 민주주의의 이상적 모델로 받아들여졌고 결국 보통 사람들이 실천할 수 있는 민주주의의 내용으로부터 점점 더 멀어져 갔다. 촛불이 '촛불주의'가 되면서 담론이 현실을 소외시키는 현상으로 이어진 것이다."라고 평했다(『민중에서 시민으로 – 한국 민주주의를 이해하는 방법』(파주: 돌베개, 2009), 3쪽.

제는 공화주의의 이념적 지평 위에서 정치적 실천 과제로 접근할 필요가 있다.

3. 헌법 정신: 공화주의의 구현

(1) 헌법과 공화주의

"대한민국은 민주공화국이다." 이는 우리 헌법 제1조 ①항의 선언적 규정이다. 헌법 제1조 ②항은 "대한민국의 주권은 국민에게 있고, 모든 권력은 국민으로부터 나온다."고 천명하고 있다. 이는 국가의 최고 권력인 주권이 국민에게 있다는 주권재민 사상 위에서 국가 권력의 소재를 국민임을 밝힌 민주주의 원리의 천명이라고 할 수 있다.

우리 헌법의 '민주공화국'은 대한민국이 민주주의의 이념과 가치를 구현하는 공화국임을 선언한 셈이다. 민주공화국은 민주주의의 이념과 가치 위에서 공화주의의 정치적 구현인 공화정이 이루어지는 국가 즉, 공화국을 말한다. 민주공화국은 민주주의와 공화주의의 '조화·통합(ensemble)'이다. 민주주의와 공화주의는 이론적 차원에서 서로 구분되지만, 정치적 실천차원에서는 상호 보완적인 개념이다.[6] 민주주의는 인민이 직접 권력을

6 일찍이 제헌헌법 초안을 기초한 유진오는 민주를 정체(政體), 공화를 국체(國體)로 구분했다. 그러나 이러한 구분이 민주와 공화의 역사적이고 다의적인 의미를 충분히 반영한 것으로 보기는 힘들다.

행사하거나 또는 정치권력에 대한 민중적 통제와 견제가 가능한 정치를 말한다면, 공화주의는 국민통합과 다양한 정치세력 간의 상호성의 확립을 중시한다.

우리 근현대사에서 공화주의는 19세기 말 개화기에 독립협회와 애국계몽운동을 통해 소개되었다.[7] 그 후 중국 상해에서 수립된 대한민국 임시정부(1919.4.11)의 첫 헌법인 임시 헌장 제1조에 "대한민국은 민주공화제로 한다."로 명시하였고, 이 헌장을 바탕으로 같은 해 9월 11일 대한민국 임시 헌법이 만들어졌다. 그리하여 제헌헌법(1948.7.17) 제1조 "대한민국은 민주공화국이다."는 조항은 1987년 개정 헌법 제1조에 그대로 이어져왔다. 이렇게 보면 공화주의는 19세기 공화주의 이념의 도입 이래 민주주의와 함께 한국 현대 정치사를 관통하는 핵심적 원리라고 할 수 있다. 그러나 한국 정치에서 공화주의의 이념과 가치가 '당연한 것'으로 여기면서도 공화주의의 실천적 측면은 전혀 문제 삼지 않았다. 서구와는 달리 공화주의에 대한 이론적 논쟁도, 공화정 수립을 위한 정치적 투쟁의 경험도 전혀 없는 상태에서 공화주의를 민주주의와 유사한 것으로 여겼다. 우리 사회에서 공화주의는 사실 보수 세력의 정치적 이념으로 인식되는 측면도 있으며, 민주화운동 시기에는 공화주의에 대한 관심이나 이론적 이해가 거의 없는 상태에서 한국 정치는 오직 민주주의 담론 속에 묻히고 말았다. 이런 점에서 '민주공화국'은 정치적 실체가 없는 상징적 용어에 불과했다.

7 유영렬, "한국에 있어서 근대적 政體論의 변화과정," 『국사관논총』 제103집(2003년).

제6공화국으로 일컬어지는 한국의 헌정체제는 '87년 체제'의 산물이다. 한국의 민주주의는 1980년대 민주화 운동의 결실인 헌법 개정(1987.10.29)을 통해 국민이 대통령을 직접 뽑는 대통령 직선제 쟁취로부터 비롯되었다. 그 후 지금까지 몇 차례의 정권교체가 평화적으로 이루어짐으로써 헌정 체제의 순탄한 계승 위에서 정치적 민주화가 성공적으로 안착되어왔다. 이처럼 국민의 대통령 선출권 회복과 함께 선거를 통한 평화적이고 합법적인 정권교체의 관행이 자리 잡은 데에서 한국 민주화의 의미를 부여할 수 있다. 그럼에도 민주주의의 내포와 심화 즉, 정치, 경제, 사회, 그리고 문화 영역 등 정치공동체의 모든 부문에서 민주주의가 한층 실질적으로 구현되는 문제는 여전히 미완의 과제로 남게 되었다. 민주주의는 기본적으로 '정치적 평등'을 전제로 정치권력에 대한 대중의 통제가 이루어지는 정치체제를 의미한다. 국민 주권을 위임받는 대표 선출을 위한 자유롭고 공정한 보통선거제가 확립되었다면 민주주의의 최소 요건이 갖추어진 상태라고 할 수 있다. 민주주의에 역사와 미래에 대한 이론적 탐색 속에서 끊임없이 한국 민주주의의 실천적 과제와 비전이 새롭게 제기되어야 한다.

(2) 공화주의의 지평

민주주의와 공화주의는 다르다. 민주주의는 '정치적 평등'을 원리로 내세운다면, 공화주의는 1인 또는 1당의 통치체제가 아닌 권력의 견제와 균형을 통한 협치 또는 상생의 정치공동체의 이념을 의미한다. 여기서 공화주의를 다시 살펴보는 까닭은 민주화 이후 한국 민주주의의 파행과 왜곡 그리고 저열한 포퓰리즘의 대두 등 민주주의 위기가 어디에서 발원하는가, 이를테면 민주주의의 위기가 공화주의의 실패에서 초래된 것이 아닌가 하는 문제의식에서 비롯된다.[8] 말하자면 민주주의의 위기 극복과 함께 더 많은 민주주의는 공화주의를 통해 성취될 수 있다고 본다. 나아가 공화주의의 법적·제도적 구현인 공화정의 확립이 대한민국의 높은 수준의 내적 통합을 통한 보다 강력한 국가로 우뚝 서게 하면서 한반도 통일 전망의 제시도 가능하게 한다.

반세기 이상 민주화 과정 속에서 절차적 민주주의가 자리 잡았지만 정치적 진영대립 구도에 의한 극한적 대결 정치로 협치(協治)와 합의의 정치문화는 실종되었고 만성적 국정 혼란을 피할 수 없는 상황에 이르렀다. 승자독식, 제왕적 대통령제, 의회정치와 정당정치의 파행, 사법권의 왜곡 등 국가운영의 거의 모든 영역에 걸쳐 거버넌스(Governance)의 위기를 맞이한 실정이다. 한국은 안팎으로 위기에 처했다. 세계경제의 패러다임 전환 속에서 국내의 사회경제적 위기 분출, 여기에다 밖으로는 동아시아 국제정세의 지각변동 과정에서 북한 핵문제와 분단구조의 불확실성이 증폭되는 상황이다. 한국의 국제적 위상 확보와 전략적 선택의 문제는 시험대에 올랐다. 대내외적으로 국가의 '안전과 번영'의 문제는 딜레마적 상황에 처했다. 집권세력의 판단과 역량으로만 한국이 처한 위기 상황을 극복하기 쉽지 않고 원활한 국정운영의 성과를 기대하기 어려운 국면이다. 한국 정치

8 민주주의는 위기에 처했다. 이러한 문제의식에서 최근 정치적 규범과 제도 개혁에 공화주의 이론의 기여 가능성에 대한 연구가 주목된다. Yiftah Elazar(Editor), *Republicanism and the Future of Democracy*, Cambridge University Press(2019.6) 참조.

의 새로운 전망의 모색을 위해 공화주의의 원리와 가치, 그리고 공화주의가 구현되는 정치적 이념과 법적·제도적 실천으로서 공화정의 의미가 새삼 강조되어야 할 때이다.

공화주의는 민주주의와 더불어 서구 정치사상사의 핵심 키워드로 원리적으로 1인 통치의 군주제에 대응하는 정치 이념으로 나타났다. 서구 근대정치에서 공화주의는 혁명적 이념으로 발현되었다. 19세기 프랑스 혁명에서 공화파는 왕당파에 대해 투쟁했고, 20세기 스페인 내전에서 공화파는 전제정과 독재체제를 거부하는 전투적 정치세력이었다. 공화주의는 자유를 꿈꾸는 당대 세계 지식인들을 하나로 묶는 공통된 신념이자 정치적 이상으로 부각되었다. 물론 이처럼 투쟁적이고 이상적인 정치 이념이었던 공화주의가 그 후 현대 국가에서 정치공동체의 실천적 과제로서 부각되는 분위기는 아니었다. 그런 가운데 최근 서구 학계에서 자유주의와 공동체주의와의 관련 속에서 공화주의에 대한 재검토가 이루어지고 있는 현상을 주목할 필요가 있다.

(3) 공화주의, 공화국

아리스토텔레스, 키케로, 마키아벨리, 루소 등은 공화주의의 대표적 정치 사상가들이다. 이들은 아테네 정치에 기반을 둔 고전적 공화주의 또는 로마공화주의의 토대 위에서 이론적 지평을 확장시켜 왔다. 이러한 사상적 전통 속에서 현대의 공화주의는 ① '비지배적(non-domination)' 자유, ② 권력 분산, ③ 법의 지배(법치주의), ④ 공공성, ⑤ 시민적 덕성(civile virtu) 등을 핵심적 가치로 내세우고 있다. 공화주의를 구현하는 공화국은 일반적으로 법과 공공성에 기반을 둔 주권자인 시민(국민)들의 정치공동체를 의미한다. 참된 공화국은 공화주의의 핵심 가치가 제도적 차원에서나 규범적 차원에서나 올바르게 구현되는 상태이어야 한다. 특히, 제도적 차원에서는 권력분산과 법치가 이루어져야 한다. 그와 함께 규범적 차원에서는 '비지배적 자유'를 전제로, 공공성이 최선의 가치로 존중되면서 시민적 덕성이 충분히 함양되는 정치공동체의 형성이 중요하다.

한국 현대정치 과정에서 공화주의의 구현을 진지하게 모색한 적은 거의 없다. 그런 점에서 공화주의 정치문화는커녕 공화주의 담론조차 충분히 이뤄지지 못했다. 사실 공화주의 이론의 발상지인 이탈리아에서도 공화주의는 항상 소수의 문화였다. 여기에다 좌파의 경우 공화주의적 사고방식을 흡수하기는 어렵다는 비판도 흥미롭다. 이는 현대 공화주의 연구의 대표적 학자인 비롤리(Maurizio Viroli)의 지적으로, 그는 "우선 공화주의는 거의 한 번도 좌파 지식인들의 연구대상이 아니었기 때문에, 좌파 지식인들의 대부분이 마르크스주의자였을 때나, 자유주의자들이 된 지금도 공화주의에 관심이 없다"고 하면서, "좌파는 역사적으로 당과 노조의 애국주의를 지지했지, 공화주의자들이 항상 주장한 시민들의 공공성의 수용 같은 애국주의는 아니었다"고 지적한다.[9] 21세기는 계급적 당파성이나 진보적 세계관에 입각한 진영 논리적 사고로는 더 이상 현실 세계의 문제를 풀어갈 수 없다. 상호 관용과 정치적 경쟁세력에 대한 자세 등의 공화주의적 가치와 규범을 존중하지 않으면 안 된다.

9 모리치오 비롤리, 김경희·김동규 옮김, 『공화주의』(고양: 인간사랑, 2006), 26쪽.

4. 공화국을 향한 제언: 국가운영체계의 재구성

(1) 국가의 실패와 통치불능

대한민국은 지금 국가위기 상황에 봉착했다. 국가 위기는 국가운영체계의 총체적 실패에서 초래되면서 구조적이고 만성적인 '통치불능'(Ungovernability) 상태를 낳았다. 통치불능은 국가의 고유한 역할의 상실, 국가 기능의 정상적 작동의 한계, 국정마비 상태를 말한다.[10] 통치불능은 잠재적인 정치 위기와 그에 따른 환경 변화에 대한 국가의 제도적 결함이나 미비, 또는 대응역량 부재 상태에서 연원한다.

국가 운영의 제도적 결함, 구조적 모순, 대응역량 한계는 내생적 요인에서 기인한다. 대내외적 도전들에 대해 합리적인 통치 메커니즘이 마련되지 못했거나 정부의 제도적 결함이 분명해졌을 때 위기가 찾아온다. 통치불능 조건은 완전한 국가실패(absolute state failure)의 극단적 상황이나, 국가의 기본적 역량의 붕괴 상황과는 구별된다. 통치불능은 대통령제하에서 집권 후반기에 자연스럽게 나타나는 레임덕 현상과도 무관하다.

우리 한국의 경우 통치불능은 거버넌스의 핵심 주체인 대통령, 국회, 정부(관료기구), 법원 등의 국가기구의 역할의 한계와 기능의 실패에서 나타난다. 그 결과 국정 최고 책임자인 대통령이 국가의 모든 부문에서 무소불

10 Claus Offe, Ungovernability, May 2013. https://www.researchgate.net/publication/300489448.

위의 권력을 행사하면서 국정수행 과정을 장악하고 있는 것 같지만 실제로는 효율적인 국정 수행의 성적은 초라할 수밖에 없다.[11] 이는 국가운영체계의 문제에서 기인한다. 민주화 이후 국가운영체계인 거버넌스의 제도적 한계로 역대 정부와 대통령은 어느 누구도 실패의 늪에서 벗어날 수 없었다.

통치불능은 결코 탈식민지 저개발국가에만 나타나는 현상은 아니며, OECD 민주주의국가들에서도 종종 발생한다. 한국의 경우, 최근의 통치불능 상황은 글로벌 경제위기에 대한 조응역량의 한계에다 국내정치의 구조적 균열 구조, 여기에다 북한 문제 등으로 국정의 기획 및 정책 수행 자체가 왜곡되고 작동 불능 상태가 지속적으로 반복되었다. 특히, 2014년 4월 세월호 참극 이래 박근혜 정권의 통치불능 상황 봉착에도 불구하고 권력의 억압 역량 유지로 통치불능 상황이 은폐되었으나 국정농단이 폭로되자 한 순간에 무너져버렸다.

현재 한국은 국가의 합리적 작동 불능, 시장의 왜곡, 공동체의 해체(피폐) 등으로 심대한 위기 상황에 처했다. 양극화, 불평등, 일자리 문제는 '시장의 실패'가 아닌 '국가의 실패'에서 찾을 수 있다. 정치(논리)가 경제를 왜곡시켰고, 정치가 갈등 해결의 통로가 되기는커녕 갈등의 진원지가 되어왔다. 국가(정치 부문)는 조절과 통합 역량을 상실했고, 시장(경제 부문)은

---

11 문재인 정부의 국정기획위원회는 '국가비전, 국가비전을 달성하기 위한 실천전략으로서 5대 국정목표, 100대 국정과제' 등을 제시했다. 이는 지금까지 모든 정부의 국정운영 청사진 또는 프로그램 제시 관행과 조금도 다르지 않다. 그러나 역대 어느 정부도 국정운영 청사진이 성공적으로 수행된 경우는 없었다.

공정성과 투명성을 왜곡했으며, 공동체(시민사회 부문)는 공공성을 배제한 채 사적 이익 추구의 온상이 되고 말았다.

국가운영체계의 혁신이 요청된다. 국가는 시장 메커니즘의 공정한 작동을 위해 적절한 개입이 불가피하며, 자율과 분권을 통해 공동체의 회복을 도모해 나가야 한다. '국가-시장-공동체'의 조화를 위해서는 무엇보다 먼저 국가의 혁신 즉, 국가운영체계의 구조 조정이 요구된다. 민주화 시대에도 여전히 군부권위주의 시대의 국가 구조, 운영 방식, 관행에서 헤어나지 못하고 있다. 만성적인 정치적 교착 상태로 이끄는 양극화되고 파당적인 정당 제도와 정치문화도 전혀 변화하지 않았다. 정치의 연예화와 연예의 정치화 분위기 속에 최근에는 좌우파 모두 포퓰리즘으로 치닫고 있다.

(2) 국가운영체계와 정책결정구조의 재구성

현재의 국가운영체계 또는 국가구조는 산업화 시대, 권위주의 시대의 산물이다. 국가 주도의 시장경제와 국민 동원의 시대는 지나갔다. 민주화, 글로벌화, 정보화 그리고 제4차 산업혁명의 시대와 통일 준비에 조응할 수 있는 국가운영체계, 거버넌스 구조로 혁신시켜야 한다. 권능의 재분배가 요청된다.

국가운영체계 혁신의 원칙은 권력 분산을 통한 효율적인 통치구조 수립에 있다. 기본 방향은 종축/횡축으로 접근할 수 있다. 종축으로는 자치·분권을 통한 중앙정부(중앙권력)로부터 지방정부(지방권력)로의 과감한 권력 이양이다. 횡축으로는 중앙권력의 재조정과 권능의 재분배가 필요하다. 이를 위해 제도(기구)로서의 대통령과 국회 간의 권력 구조의 재조정이 요청된다.

우선 종축으로 지방분권을 통한 실질적인 지방자치의 구현은 중앙정부에 집중된 권력의 역할 축소를 통해 국정의 효율성을 높일 수 있다. 지방정부는 지방의 고유한 역할과 이해관계의 권한과 책임을 가져야 한다. 지방정부가 개발과 투자, 문화 창달, 지역시장 활성화, 지방의 글로벌화 등의 주체가 되어야 한다. 이를 통해 경제와 사회문화 등 모든 부문의 중앙 집중화로 인한 지역사회의 피폐화를 극복하고 공동체의 회복을 기대할 수 있다. 연방제 수준의 자치분권은 반드시 개헌을 통해서만 가능한 것은 아니다. 국민적 합의와 정치적 결단이 중요하다.

다음 횡축으로 중앙권력의 분산과 조정이 필요하다. 대통령제 아래서는 항상 국회와의 권한·권능의 문제로 대립하는 경우가 일반적이다. 우리의 대통령제는 공공부문의 인사권과 국정 모든 영역에 대한 대통령의 결정권 등으로 대통령의 권한은 무소불위, 무한대의 제왕적 형태로 나타난다. 제왕적 대통령제는 정부 내각보다는 대통령 비서실에 모든 권한이 집중된다. 정부 내각은 청와대의 눈치를 보며 권한과 권위는 초라해질 수밖에 없다. 비서실은 정부가 거듭될수록 확대일로에 놓여 비대해졌고, 국정사안을 다루는 방식에서는 전문성보다는 정치적 고려와 국민 지지율 등을 최우선적 가치로 삼는다. 정부 내각의 역할을 약화시키는 '비서실 정치'는 문민정부를 자임했던 YS 정부에서부터 시작되었다. 청와대가 모든 정쟁의 구심점이 되는 '비서실 정치'의 폐해는 심각하다. 대통령의 권한과 역할로 주요 국정사안, 대외관계 및 남북관계 등 국정의 큰 틀을 관리하는 방식이 바람직하다. 대통령은 대통령대로, 국회는 국회대로 실패하는 국정운영체계는 하루빨리 개혁되지 않으면 안 된다.

정부(행정각부)는 정책의 입안과 수행을 책임진다. 정부 내각의 역할이 제자리를 찾으면 대통령 비서실의 역할은 정상화된다. 대통령 비서실의 국정장악, 국정운영은 비정상적 행태로 국가운영체계를 심대하게 왜곡시켜왔다. 정책의 일관성과 지속성은 정치 논리에 휘둘리게 된다. 문재인 정부에서는 지난 정부보다 청와대 비서실이 더욱 커졌으며, 정책 영역에서조차 청와대 비서실의 부각으로 각 해당 부처의 존재는 한층 희미해졌다. 정부의 책임 소재도 불분명해졌다.

국회의 권한과 책임의 재조정이 요청된다. 국회는 권능은 막대하되, 책임이 없는 기구이다. 대통령이 추진하는 국정 과제는 사사건건 야당이 다수당인 의회에 발목 잡히게 되고, 이에 따라 대통령은 의회를 우회하여 국민의 지지에 호소함으로써 국가운영 방식은 정상적인 궤도를 벗어나게 된다. 지방분권이 이루어지면 중앙권력 기구인 국회의 역할과 책임이 조정될 수밖에 없다. 의회민주주의의 원활한 작동을 위해서는 대표성과 더불어 국민을 충분히 대변할 수 있는 선거법 개정 논의가 보다 활발해져야 한다.

민주주의는 '법의 지배(Rule of Law)' 즉, 법치로 완결된다. 법은 '공정성'의 저울이기 때문이다. 그러나 우리의 경우 타협과 통합의 채널인 정치는 실종된 상태이다. '정치=타협'이 사라졌고 많은 정치적 사안이 법정의 판결만을 기다리고 있다. 그 결과 한국 정치는 권력의 도구가 된 법의 지배(Rule by Law) 아래 놓였다.

정부 위원회의 활성화가 시대적 요청에 부합한다. 노사정위원회, 교육·과학위원회, 기후환경변화위원회, 에너지위원회, 문화·예술위원회 등 지속적이고 장기적인 국정 과제를 발굴하고 정책을 개발하는 상설적인 각종 위원회가 구성되고 정상적으로 가동되어야 한다. 미국의 경우처럼 위원회는 초당적이고 정권의 교체와 상관없이 지속적으로 활동할 수 있도록 해야 한다. 우리의 경우 다양한 위원회는 대개의 경우 집권 정부의 정책 홍보와 들러리 역할에 그쳤다. 문재인 정부도 지난 정부와 마찬가지로 '국가–시장–공동체'의 재구성에 대한 문제의식이 전혀 없다. 국가운영체계에 대한 혁신이나 제도개혁에 대한 이해를 기대하기 힘들다. 뿐만 아니라 국정운영 방식과 관행도 과거 패턴에서 벗어나지 못한 상태이다.

5. 공화주의, 어디서부터?

공화주의는 상호관용과 조화의 정치에서 싹을 틔운다. 상호관용과 조화의 정치가 사라지는 곳에서 맹목적 거부정치가 활개를 친다. 미국 정치학자 F. 후쿠야마가 정립한 이른바 '비토크라시'(vetocracy)가 일상화되는 상황이다.[12] 집권 세력의 정치적 보복과 야당의 승복 거부의 정치구조 속에서 국정이 정상적으로 작동될 수 없고, 만성적인 통치불능 상태에 빠진다. 고통과 피해는 고스란히 국민의 몫이다. 여기서 공화주의 구현의 최소 조건으로 '정치적 중도층의 회복', '통합과 공존'의 규범 확립, 그리고 '법치'의

12 Francis Fukuyama, *Political Order and Political Decay: From the Industrial Revolution to the Globalization of Democracy*(Kindle Edition, 2014); "The end of harmony" http://www.economist.com/books–and–arts/2014/09/27/; "American Political Decay or Renewal?" July/August 2016.

구현을 들고 싶다.

(1) 정치적 중도층 회복

정치적 진영논리와 이분법적 사고 행태가 타파되어야 한다. 공화주의는 바로 이 지점에서 출발하게 된다. 정당 정치의 리더들은 이러한 이분법적 적대 의식의 고양을 통해 "'그들'을 악마로 몰아 '우리'의 표를 쟁취해온 진짜 악마들이다"인 셈이다.[13] 선거 민주주의가 오히려 민주주의를 쇠퇴시키는 아이러니가 아닐 수 없다. 공화주의는 선동과 대중조작의 언술에 휘둘리지 않는 견실한 '정치적 중도층'의 존재를 요구한다. 경제적 중산층이 두터울수록 경제적 안정이 가능하듯이 정치적 중도층이 두터울수록 정치 언술의 절제와 공존의 영역이 확대될 수 있기 때문이다. 정치적 중도층의 형성과 강화가 과제로 떠오른다.

안타깝게도 한국 정치의 극한적 대결 구조인 진영 간 대립구도를 해소할 수 있는 정당 체제의 확립은 성공하지 못했다. 지역과 분단 이념을 둘러싼 이분법적 양당구도는 '죽기 아니면 살기 식'의 극한적 적대의식 속에

---

13 미국에서 지난 20년 동안 상대 정당에 대해 매우 부정적인 견해를 가진 미국인의 비율이 2배로 증가했다. 이런 자발적 분리 현상 때문에 양대 정당은 기본적으로 중도적인 입장을 취해 중도 유권자들의 지지를 끌어내기보다는, 자기편의 선거 참가율을 최대한 높이고 상대편의 참가 의지를 꺾기 위해 자기들과 잘 맞는 인구 집단에 맞춘 발언을 내놓고 그런 정책을 도입하는 전략에 의지하게 된다. 요컨대 공화당은 민주당 성향 유권자들에게 말을 걸지 않고, 민주당은 공화당 성향 유권자들에게 말을 걸지 않는다. 이안 브레머, 김고명 옮김, 『우리 대 그들*US vs THEM*』(서울: 더퀘스트, 2019), 186–187쪽.

서 상생의 규범과 공존의 논리를 실종시켰다. 다당제를 통한 국가권력 구조의 상호 제약에 따른 균형 체제의 형성이 필요했다. 그러나 집권 세력에 의한 사법부의 예속과 배타적이고 상극적 지역 논리와 분단 현실과 북한 문제에 대한 이념적 양극성에 뿌리를 내린 양당 구조 극복의 전망을 찾을 수 없었다. 진영 대결 구도인 양당제에 의한 대통령제는 인사, 국가자산 통제 및 활용, 정부정책 결정 과정에서 승자독식 구조를 낳았고, 그에 따라 야당과 반대 세력의 비협조와 맹목적 거부와 반대를 초래하여 원활한 국정 수행을 불가능하게 만든다. 특히, 집권당의 국정 실패가 오히려 반대당의 집권 기회가 되는 영합(제로-섬) 게임 구도에서 경쟁을 통한 협력, 협력을 통한 경쟁의 정치 관행이나 타협의 공화주의적 정치문화의 정착을 기대하기는 힘들다.

(2) 통합과 공존

문재인 대통령은 취임사를 통해 통합과 공존을 강조했다. 분열과 갈등의 정치도 끝내겠다고 하면서 보수·진보의 갈등도 종식시킬 것을 선언했다.[14] 그러나 '분열과 갈등의 정치'의 해결 전망에 대한 기대는 높지 않다.

---

14 문재인 대통령의 '국민께 드리는 말씀' "지금 제 머리는 세상을 열어갈 청사진으로 가득 차 있습니다. … 오늘부터 저는 국민 모두의 대통령이 되겠습니다. 저를 지지하지 않았던 국민 한분 한분도 저의 국민이고 우리의 국민으로 섬기겠습니다. 저는 감히 약속드립니다. 2017년 5월 10일, 이 날은 진정한 국민 통합이 시작된 날로 역사에 기록될 것입니다. … 분열과 갈등의 정치도 바꾸겠습니다. 보수·진보의 갈등은 끝나야 합니다. 대통령이 나서서 직접 대화하겠습니다. 야당은 국정운영의 동

'통합과 공존'은 무엇보다 먼저 좌파와 우파, 보수와 진보의 잣대로 역사와 현실을 구분하는 가치와 신념에서 해방되는 데서 비롯된다.

이명박 대통령이 이념을 넘어 실용을 강조했을 때 큰 기대와 환영을 받았다. 그러나 '이념의 시대'를 넘어 '실용의 시대'로 나가야 한다는 그의 기치는 공허한 얘기로 끝나고 말았다. 오히려 '시장과 안보' 보수를 한층 체계적으로 이념화시켰다. 그 결과 사회경제적 불평등은 더욱 심화되었고, 남북 화해협력을 통한 한반도 평화 정착 문제는 더 깊은 불신과 대결 구도만을 물려주었다. 이념의 잣대가 아니라 실용의 잣대로 풀어가겠다는 취임사는 5년 후 결국 국민에게 깊은 실망과 배신감의 상처만 남겼다.[15]

문재인 대통령은 어느 누구보다도 이분법적 이념을 넘어 통합을 강조하고 있다. 그럼에도 국정농단 세력, 적폐와의 타협은 단연코 거부한다. "스스로를 보수라고 생각하든 진보라고 생각하든 극단에 치우치지 않고 상식의 선 안에서 애국을 생각한다면 우리는 통합된 사회로 발전해갈 수 있을 것"이라고 밝혔다.[16] 그럼에도 '선(先) 국정농단 청산, 후(後) 협치' 즉, 적

반자입니다. 대화를 정례화하고 수시로 만나겠습니다."(「문재인 대통령 취임사」 2017-05-10).

15 "실용정신은 동서양의 역사를 관통하는 합리적 원리이자 세계화 물결을 헤쳐나가는 데 유효한 실천적 지혜입니다. 인간과 자연, 물질과 정신, 개인과 공동체가 건강하고 아름답게 어우르지는 삶을 구현하는 시대정신입니다. … 협력과 조화를 향한 실용정신으로 계층 갈등을 녹이고 강경 투쟁을 풀고자 합니다. 남북통일은 7천만 국민의 염원입니다. 남북관계는 이제까지보다 더 생산적으로 발전해야 합니다. 이념의 잣대가 아니라 실용의 잣대로 풀어가겠습니다(「이명박 대통령 취임사」 2008-02-25).

16 문재인 대통령은 애국 앞에 보수와 진보가 없다고 갈파했다. 그는 기득권이나 사익이 아니라 국가공동체의 운명을 자신의 운명으로 여기는 마음이 애국이라고 하면

폐 청산의 비타협적 입장을 (재)천명한 점이 무척 주목된다. 어느 면에서 협치는 공화주의의 정치적 실천의 한 형태로 이해할 수 있는데, 국정농단 세력과의 공존은 거부한 셈이다. 당연히 국정농단 세력은 법의 심판을 받아야 하며, 변호의 대상이 아니다. 그렇다면 '통합과 공존'의 범주는 어떠하며, 대상은 누구인가? 이에 대한 보다 구체적인 설득 논리가 필요하다.

(3) 법치

근대 민주주의 국가의 법의 지배 즉, 법치의 핵심은 개인의 자유와 권리를 보호하고 특히, 공권력을 제한하는데 있다. 지난 민주화 시기 동안 개인의 자유, 인권, 권리, 복지 등의 차원에서는 상당한 진전이 있었다. 그러나 공권력 부분에서는 근본적인 진전이 없었다. 그동안 인권을 유린하는 공권력의 자의적이고 불법적인 행사는 상당히 해소되었으나, 국가 권력구조 측면에서 공권력 제한의 과제는 해결되지 못했다. 공권력 제한을 위해

서, "기득권에 매달린다면 보수든 진보든 진짜가 아닙니다. 우리에게는 사람이나 생각을 보수와 진보로 나누며 대립하던 이념의 시대가 있었습니다. 하지만 오늘의 대한민국에는 보수와 진보의 역사가 모두 함께 어울려 있습니다. 지금 우리가 누리는 독립과 민주주의와 경제발전에는 보수와 진보의 노력이 함께 녹아 있습니다. …이제 사회는 보수와 진보, 이분법으로 나눌 수 있는 시대는 지났습니다. 우리는 누구나 보수적이기도 하고 진보적이기도 합니다. 어떤 때는 안정을 추구하고, 어떤 때는 변화를 추구합니다. 어떤 분야는 안정을 선택하고, 어떤 분야는 변화를 선택하기도 합니다. 스스로를 보수라고 생각하든 진보라고 생각하든 극단에 치우치지 않고 상식의 선 안에서 애국을 생각한다면 우리는 통합된 사회로 발전해갈 수 있을 것입니다"라고 하였다. 매우 합리적이고 현실적인 인식으로 주목을 끈다. 〈제64회 현충일 기념사 2019-06-06〉 https://www1.president.go.kr/articles/6424.

서는 반드시 실질적인 삼권분립 즉, 사법부의 독립이 이루어져야 한다. 비록 국회의 동의 절차가 요구되지만 감사원장과 대법원장을 비롯하여 헌법재판소 소장이 대통령 임명권 아래 예속된 상태에서 공화국의 삼권분립 원칙은 크게 훼손될 수밖에 없으며, 사법부의 독립은 구호에 그칠 뿐이다.

정치적 갈등의 사법적 해결 즉, '정치의 사법화'는 공화국의 원리를 배반한다. 정치는 서로 상충하는 집단 갈등을 토론하고 대화와 타협을 통해 해결하는 방식이다. 이런 맥락에서 정치는 타협의 예술이라고 할 수 있다. 이를테면 재판을 통해 법적으로 승부를 가름하기 전에 당사자 또는 갈등하는 세력 간 대화와 협상을 통해 타협을 도출하는 과정이기에 그야말로 "갈등 있는 곳에 정치 있다"는 명제가 성립될 수 있다. 그러나 우리의 현실은 사회적 갈등이 정치인 사이에서 또는 정당 간 타협과 조정을 통해 해결되는 과정이 아니라, 정치인 간의 개인적 감정 문제뿐만 아니라 토론과 논쟁거리마저도 오히려 사법 당국에 고소·고발함으로써 법관의 판단에 내맡겨져 '법이 지배하는'(rule by law) 세상이 되고 말았다. 이처럼 '정치의 사법화'는 정치 자체의 부정일뿐만 아니라, 공화국의 기반마저 무너뜨리게 된다. 이러한 '정치의 사법화' 현상은 또 다시 집권세력으로 하여금 사법부 장악, 사법부의 식민화를 추구하는 동력으로 작용한다.

법치주의는 흔히 일반 시민들의 준법정신에서 찾는다. 준법정신이 사회적 규범이자 정치문화 차원으로 정착되는 것이 매우 중요하며 또한 교육을 통한 준법정신의 고양도 요구된다. 그러나 '윗물이 맑아야 아랫물도 맑다'고 하듯이 스스로를 규제하는 준법정신의 경우에도 '윗물' 즉, 사회 상층부와 엘리트계층에 더욱 더 높은 규준이 적용되어야 한다. 법제정 기관인 입법기관에 대한 국민의 신뢰 제고, 사법 운영과 법조 전반의 신뢰성

회복, 법집행 과정에서의 엄정한 집행과 이른바 '떼법'의 근절이 절실하다. 사회지도층의 법 준수와 노블레스 오블리주(*Noblesse Oblige*) 실천이 더욱 중요하다.

공화주의의 보루는 '시민적 덕성'이다. 공화국은 시민적 덕성을 풍부한 공민(公民)이 주인인 나라이다. 정치적 선동과 대중 조작의 대상이기를 거부하고 스스로 정치적 주체로서 자각하는 공민의 형성이 중요하다. 공화주의의 제도와 규범 확립이 요청된다. '노블레스 오블리주' 그리고 '시민적 덕성'의 조화가 이루어질 때 공화주의가 꽃피게 된다.

사회경제적 부문에서 지나친 평등 추구 의식이 사회적 활력과 창의성을 왜곡시킨다. 특히, 교육 부문에서 공교육 강화 논리는 자칫 교육의 하향평준화 속에서 질적 퇴행을 초래할 수도 있다. 국가 권력에 의한 평등의 강조는 매우 위험하다. 지난 세기 인류가 경험했듯이 평등 이데올로기를 실현하고자 했던 국가는 참혹한 실패로 끝났고, 오히려 평등 이념이 문명의 진보를 가로 막는 족쇄가 되었다. 그럼에도 공정성과 형평성을 추구하는 가치는 존중되어야 한다. 우리나라는 국토가 좁고 인구는 많다. 이처럼 한국의 과밀한 사회경제적 생태계와 고난과 빈곤의 역사를 감안한다면 당연히 평등과 형평성의 가치가 적극 부각될 수밖에 없다. 이런 현실을 외면하지 말아야 한다.

자유 이념도 마찬가지이다. 반독재 민주화운동 과정 속에 피어난 인권과 자유민주주의 이념이 존중되어야 한다. 그러나 자유 이념이 시장헤게모니 세력과 기득권층의 특권·특혜를 보장하는 논리로 전락되지 않아야 한다. '가진 자, 힘 있는 자'의 방종에 대한 면책 논리가 되어서는 곤란하다. 사회경제적 자유는 누구에게나 실질적으로 평등하게 보장되지 않는다. 평등 없는 자유는 반드시 다수의 배제 속에서 '가진 자, 힘 있는 자'의 방종과 타락을 초래한다. 따라서 '평등한 자유'가 중요하다.

한국 정치에서 공화주의는 자유와 평등 이념의 통합과 조화를 지향하는 정치적 실천과 규범 확립을 통해 구현될 수 있다. 진영논리와 이분법 정치가 타파되는 곳에서 공화주의가 발화한다.

4장 공화주의적 대통령제에 부합하는 선거·정당개혁

채진원(경희대 공공거버넌스 연구소 연구원, 비교정치학)

우리 대한민국 헌법은 국민주권주의와 대의민주주의를 목표로 하고 있으며, 이것을 실현하기 위한 수단으로 제8조, 제24조, 제25조 등에서 "정당제도와 선거제도"를 중요하게 규정하고 있다. 국민들은 자신의 정치적 의사형성을 위해 자유롭게 정당을 만들고 가입하고 탈퇴할 수 있도록 하고 있으며, 주기적인 선거에 참여하여 공직자가 되거나 공직자를 선출할 수 있도록 하고 있다.

그러나 언젠가부터 정당과 선거는 국민에게 관심과 참여보다는 정치불신의 대상이 되고 있다. 그 주요한 이유는 정당이 "국민의 정치적 의사형성을 위한 자발적 결사체"가 아니라 대통령을 하고 싶은 소수 명망가들의 계파정당으로 "사당화"가 되었고, "파당화" 및 "이익정당화"가 되었기 때문이다.

또한 국민의 대표자를 선출하는 공직선거 역시도 후보자와 유권자, 정당과 국민이 선거캠페인 과정에서 정책과 공약 및 국정운영에 대해 함께 토론하고 합의하고 약속을 해나가는 "공론장과 숙의민주주의의 장"이 아니라 돈과 힘 있는 사람들을 위한 "출세와 권력장악의 장", 일방적으로 표를 얻기 위한 "선전선동의 장"으로 전락했기 때문이다.

정당과 선거가 제 기능을 하지 못하고 대의민주주의 기능을 상실하게 된다면, 나쁜 대표자들이 등장하여 국민의 세금을 낭비하는 한편 헌법의 가치와 민주주의 규범을 파괴하거나 약화시켜 불법과 악행을 저지르게 되어 결국 국민의 저항을 받을 수밖에 없다.

정당이 헌법에 나와 있는 대로, "국민의 정치적 의사형성을 위한 자발적 결사체"로서 기능을 하고, "국민의 참정권을 실현하는 공간"이 되기 위해서는 불신을 받고 있는 현 정당제도와 선거제도를 개혁할 필요가 있다. 정당과 선거제도 개혁의 방향모색과 관련해서는 두 가지 일이 필요하다. 첫째는 변화하는 국민의 적극적인 목소리를 반영하는 것이다. 둘째는 세계화, 정보화, 후기산업화, 탈냉전화, 탈물질주의화 등으로 표현되는 21세기 전환기적 시대상황이라는 거시적 변화에 적극적으로 반응할 수 있는 공공철학의 정신을 정립하여 거기에 부합하는 방식으로 '제도적 반응성'을 높이는 일이다.

대의민주주의의 작동을 어렵게 하거나 방해하는 여러 요인이 있다. 그 중 핵심인 것은 '구조적인 원인'이다. 그것은, 대의제도의 핵심도구인 정당과 선거가 변화하는 21세기 전환기적 시대상황(세계화, 정보화, 후기산업화, 탈냉전화, 탈물질주의화 등)과 유권자의 복합적이고도 파편화된 요구에 기민하게 반응하지 못하는 "반응성(responsibility) 약화에 따른 책임성(accountability) 약화"로 이어지는 메커니즘의 문제이다.[1]

이에 본 글에서는 세계화, 정보화, 후기산업화, 탈물질주의화, 탈냉전화 등으로 표현되는 21세기 전환기적 시대상황속에서 자유주의와 자유지상주의 및 다원주의가 사회이익을 더욱 파편화시킴으로써 국민통합과 국가통합에 더 많은 한계를 노정시키는 만큼, 대의민주주의를 정상화시키기 위한 대안적인 공공철학의 노선으로 공화주의(republicanism)[2]를 대안적 패러다임으로 검토하면서 "공화주의적인 대통령제"에 부합하는 선거제도와 정당개혁의 방향성에 대해 논의하고자 한다.

---

1 임성호, "정당내 정파(faction) 문제와 정치 양극화: 탈산업시대 정당의 위험요소와 극복 방향." 정진민·임성호·채진원 외, 『정당정치의 변화, 왜 어디로』(서울: 형설출판사, 2015).

2 모리치오 비롤리, 김경희·김동규 옮김, 『공화주의』(고양: 인간사랑, 2006); M. Viroli, *For Love of Country: An Essay on Nationalism and Patriotism* (Oxford: Oxford University Press, 2003); 채진원, 『무엇이 우리 정치를 위협하는가』(서울: 인물과 사상사, 2016).

1. 촛불시민혁명의 교훈과 불신공화국의 등장 배경

(1) 촛불시민혁명의 교훈

국민의 적극적인 목소리를 수용하는 일과 관련해서는 지난 2016~2017년 박근혜-최순실 국정농단사태와 광화문 촛불시민혁명의 교훈을 반영할 필요가 있다. 박근혜-최순실 국정농단사태는 민주화 이후 대의민주주의의 위기와 실패를 보여주는 대표적인 사건이다.

박근혜-최순실 국정농단사건은 '정당실패', '정부실패', '대의민주주의 실패'를 보여 준다. 이 같은 실패의 배경에는 정당공천의 실패, 정치인과 관료들의 사익추구, 재벌 등 이익집단들의 지대추구와 정경유착, 정계-관계-이익단체간의 로그롤링(log-rolling)과 포크배럴(pork barrel)과 같은 협잡과 담합[3]이 있었다.

특히, 정당공천의 실패는 정당과 언론 및 시민단체들이 공천과정에서 후보검증을 제대로 하지 않아 정당이 불량후보자를 공급하는 것을 사전에 차단하지 못했다. 더욱더 후보검증을 부실하게 받은 후보가 대통령이 된 이후 부당한 방식의 공천개입을 통해 정당을 사당화하고 파당화하는 것을 막지 못했다. 이미 2016년 19대 총선을 앞두고 새누리당 공천에 개입

3 일반적으로 포크배럴(pork-barrel)은 국회의원이 출신지역의 환심을 사기 위해 계획한 지방개발 정부보조금 법안'을 말하는 것이라면, 로그롤링(log-rolling)이란 이권이 결부된 법안을 관련의원들이 서로 협력 또는 담합하여 통과시키는 행태(협력하여 통나무를 굴리는 기술)를 가리킨다.

해 친박 의원을 도운 혐의로 기소된 박근혜 전 대통령이 항소심에서도 징역 2년을 선고받은 바 있다.

박근혜–최순실 국정농단사건은 우리정치와 정당의 공공적 토대가 매우 허약하다는 것을 보여주었다. 정계–관계–이익단체 간의 불법적인 유착 등에서 드러나듯이, 파벌, 관벌, 재벌, 학벌, 군벌 등 각종 가부장적 가족주의 유산에서 나오는 파벌적 관계가 여전하다는 점이다. 이런 파벌적 관계를 공(公)과 사(私)가 구분되는 근대적인 국가–시민사회의 관계로 재편하지 않는 한, 이 같은 낡은 관행의 답습이 반복될 가능성이 크다.

그렇다면 촛불시민혁명이 대의민주주의의 출발점인 정당의 공천개혁에 주는 교훈은 무엇일까? 여러 가지가 있지만 몇 가지를 요약해 보면 다음과 같다. 첫째, 좋은 대표자를 뽑기 위해서는 대의제의 출발점인 정당의 공천과정에 시민이 직접 개입해야 한다는 것을 매우 중요한 문제로 각성시켰다는 점이다.

즉, 정당후보의 공천을 정당에게만 맡기지 말고, 국민참여경선제를 통해 했더라면, 박근혜 후보가 공천을 통과하여 대통령이 되어서 직권을 남용하여 탄핵되는 일도, 탄핵을 위해 시민들이 주말을 광화문에서 보내는 수고는 없었을 것이다. 민의를 배신할 수 있는 대의제의 한계를 근본적으로 차단하는 일은 대의제의 시작인 정당의 후보공천과정에 시민이 직접 참여하는 일이다.

둘째, 정당이 공천을 잘못하여 나온 후보자를 국민들이 대표자로 뽑아놓고, 추후 탄핵하거나 국민소환하는 일을 만들지 않기 위해서는, 사전예방차원에서 시민공천을 제도화하는 "여야동시 국민참여경선제의 법제화"가 필요하다는 점이다.

여와 야, 진보와 보수 그리고 큰 정당이냐 작은 정당이냐를 떠나 여야 동시 국민참여경선제가 법제화되면, 국회의원과 대표자의 사고와 언행은 국민이 원하는 현장과 민생중심으로 수렴될 가능성이 커지기 때문에 당파심이 큰 파당적인 후보나 국민분열을 선동하는 후보보다는 국민통합력을 본선경쟁력으로 하는 국민통합적인 후보가 당선될 가능성도 커진다.

국민통합적인 후보가 나와서 경쟁력을 갖게 되면, 다수파의 목소리와 소수파의 목소리를 어느 정도 중간지대에서 절충하고 통합할 수 있기에, 다양성과 소수파들의 목소리 대변을 위해 다당제에 따른 정당의 파편화와 정당의 이익정당화에 영향을 미치는 '독일식 연동형 비례대표제'가 필요하다는 급진적인 주장도 어느 정도 줄어들 게 되어 있다.

그동안 우리 국민들은 많은 고생을 해왔다. 정당의 잘못된 공천, 언론과 시민단체들의 무능한 공천검증과 공약검증으로 하자가 많은 불량대통령을 뽑거나 갑질하는 국회의원을 뽑아 놓고, 물러나라고 비판하면서 퇴진시키는 데 너무나 많은 에너지를 소비했다.

대의민주주의에서 대표자를 잘못 뽑아놓고 그들을 소환·파면하는 것은 무척 어려운 일임에 틀림이 없다. 따라서 국민참여경선제를 통한 공천을 제도화해서 국민소환을 받지 않는 대표자를 뽑는 게 최선일 것이다. 우선 독일식 연동형 비례대표 도입과 국회의원 정수를 늘리라는 주장 이전에 현재의 국회의원이라도 제대로 국민과 현장에 관점에서 일할 수 있도록 견제하고 균형을 찾는 제도적 장치인 "여야동시 국민참여경선제 법제화"가 급선무이다.

(2) 전환기 시대상황, 파편화되는 사회이익

정당과 선거제도 개혁방향에 대해서는 국민의 적극적인 목소리 반영에 이어서 세계화, 정보화, 후기산업화, 탈냉전화, 탈물질주의화 등으로 표현되는 거시적 변화에 적극적으로 반응할 수 있는 공공철학의 정신을 정립하여 그것에 조응하는 제도를 설계하는 것이 필요하다. 그렇다면, 세계화 등 거시적 변화에 적극적으로 반응할 수 있는 대안적인 공공철학의 노선은 무엇일까?

이른바, 세계화, 정보화, 후기산업화, 탈냉전화, 탈물질주의화 등은 더 이상 거스를 수 없는 21세기 전환기적 시대상황이다. 이 21세기적 전환기적 시대상황은 자본대 노동으로, 정규직대 비정규직으로, 노조원대 비노조원으로, 권위주의 대 탈권위주의로, 집단주의 대 개인주의로, 남성대 여성으로, 청년대 장년으로 끊임없이 사회이익을 파편화시키고 개인들을 원자화로 내몬다.[4]

파편화되는 사회이익에 맞서 정당, 언론, 정치, 시민단체, 정부가 "새로운 공공철학"의 노선을 정립하여 사회연대와 국가통합을 추구해야 하는데, 거꾸로 극단적인 좌우진영논리나 포퓰리즘에 편승하거나 이를 부추기면서 노골적으로 권력잡기에만 급급하다.[5]

---

4 임성호, "지구화시대의 탈경계 정치과정을 위한 이론 토대: 새로운 실마리의 모색." 『지구화시대의 정당정치』(서울: 한다 D&P, 2011).

5 채진원, 『무엇이 우리정치를 위협하는가—양극화에 맞서는 21세기 중도정치』(서울: 인물과 사상사, 2016).

정치권이 정치적 양극화와 경제적 양극화에 맞서 빈곤층으로 전락한 중산층을 회복하고 중도수렴의 공화정치를 부활시켜야 하는데, '권력잡기용 정쟁추구'와 '자기지지층 결집'에만 전념하고 있는 게 한국정치의 주된 문제점이다. 즉, 정치권이 민주공화국이 추구하는 헌법적 가치와 민주주의 규범을 파괴하거나 약화시키면서까지 자신의 파당적인 이익과 좌우진영 논리를 극대화하고 자신의 지지층결집을 위한 '집단극단화'와 '정당의 이익집단화'에 매진하는 것이 비극적인 한국정치의 문제점이다.

단적으로, 선거제도와 정당제도 개혁과 관련한 논의에서도 한국정치의 문제점인 '사당화'와 '파당화' 및 '정당의 이익집단화'가 고스란히 드러난다. 정치권이 입법부, 행정부, 사법부가 삼권분립을 하면서도 서로 견제와 균형을 통해 국가의 공공선을 추구하는 민주공화국의 정신이 '혼합정'이라는 점을 이해하거나 이것을 지켜가면서, 공화주의적 대통령제와 부합하거나 정합성이 있는 선거제도와 정당제도의 방향성을 논의하지 않고, 당리당략적인 유불리 차원에서 공당으로서의 정당이 아닌 이익집단처럼 접근하고 있다는 점이다.

정치적 양극화에 따른 파당적인 모습은 다양성 추구라는 미명하에 내각제에 부합하여 작동해온 독일식 연동형비례대표제를 이식하여 다당제를 만들고 여소야대를 만들어 대통령의 국정안정을 방해하면서 국회를 정쟁과 분열의 공간으로 만들어 국가통합을 방해하고 국민분열을 야기하는 것이 대표적인 예라 할 수 있다. 이들은 당연히 분단 속 대통령제에 부합하는 현행 '한국식 병립형 비례대표제'를 중심으로 놓고 보완하는 차원에서 비례대표를 확대하는 방안에 대해서는 소홀히 다루고 있다는 점이다.

(3) 전환기적 시대상황의 특성과 불신공화국 등장 배경

그렇다면 왜, 정치권은 정치적 양극화를 초래하는 극단주의 전략을 관행적으로 사용하고 있는 것일까? 그 배경에는 앞서 언급한 대로 지구화, 정보화, 후기산업화, 탈냉전화와 같은 21세기 시대전환기적 구조요인이 있기 때문이다. 이러한 구조적 요인들은 사회이익을 더욱 복잡하고 다양하게 파편화(fragmentation) 시킨다.[6]

지구화와 정보화는 국가의 경계와 정보의 경계를 낮춰 이질적인 문화의 유입과 함께 정보화의 격차를 확대하여 분열시킴으로써 대의민주주의의 반응성을 떨어뜨리면서 사회통합을 어렵게 한다. 후기산업화는 화이트칼라와 블루칼라로 비교적 단순하게 구분되었던 노동자들을 정규직과 비정규직, 노조원과 비노조원 등으로 더욱 다양하게 분열시킨다.

탈물질주의화는 탈물질적인 자기표현가치와 탈권위주의적인 개인주의(individualism)를 강조하면서 물질주의가 강조했던 생존가치 그리고 권위주의 및 집단주의를 더 이상 수용하지 않으면서 사회를 분열시킨다. 자기표현가치의 등장은 경제적인 이해관계의 계산으로 어느 정도 타협이 가능했던 물질주의시대와 달리 환경, 생태, 인권 등의 이슈로 경제적인 타협을

6 M. N. Franklin, T. T. Mackie and H. Valen, *Electoral Change: Responses to Evolving Social and Attitudinal Structures in Western Countries* (Cambridge: Cambridge University Press, 1992); 임성호, "정당내 정파(faction) 문제와 정치 양극화: 탈산업시대 정당의 위험요소와 극복 방향." 정진민·임성호·채진원 외, 『정당정치의 변화, 왜 어디로』(서울: 형설출판사, 2015); 채진원, 『무엇이 우리 정치를 위협하는가』(서울: 인물과 사상사, 2016).

어렵게 하여 사회를 분열시킨다. 탈냉전화는 장기간 억제되었던 좌우이념 갈등을 증폭시켜 사회통합을 어렵게 한다.[7]

이러한 21세기 전환기적 시대상황에서 대의민주주의는, 사회이익의 파편화로 인해 전환기 이전과 같이 효과적으로 작동되지 않은 채, 통치불능 사태(거버넌스의 위기사태)에 빠지기 된다. 이 때문에 정당과 정치권은 손쉬운 방법으로 정치적 양극화에 따른 '편향성의 동원전략'이라는 전략적 극단주의를 사용하려는 유혹에 노출될 수밖에 없다.

『절반의 인민주권*(The semi-sovereign people)*』의 저자인 샤트슈나이더(Shattschneider) 교수에 의하면, '편향성의 동원'(mobilization of bias)이란 사회의 중심 갈등을 억압 또는 대체하기 위해 특정갈등을 부각하고 그에 따라 정치참여를 동원하는 것을 말한다. 그리고 지배엘리트가 자신의 권력과 기득권을 유지하기 위해 자기에게 유리한 갈등을 편향성을 동원하여 부각하는 접근을 '갈등의 사유화'(privatization of conflict)라 한다.[8]

사회이익의 파편화(fragmentation)와 정치권의 정치적 양극화(polarization)는 일견 모순되는 것 같지만 충분히 공존할 수 있다. 이 둘의 공존은 정당, 언론, 온라인 공간으로 확대되면서 집단극단화(group polarization)를 강화시킨다.[9] 이 집단극단화는 정당, 언론, 온라인 공간에서 이해관계자들

7 로널드 잉글하트·크리스찬 웰젤, 지은주 옮김, 『민주주의는 어떻게 오는가』(파주: 김영사, 2011); Russell J. Dalton, *Citizen Politics* (New Jersey: C. H. Publisher, 2006).

8 E. E. Schattschneider, *The Semisovereign People: A Realist View of Democracy in America* (Hinsdale IL: The Dryden Press, 1975).

9 다니엘 벨, 오세철 옮김, 『자본주의의 문화적 모순』(서울: 문학과 세계사, 1980), 216

의 분열을 극단화시킨다. 결국 강경세력의 목소리가 커지고 중간지대와 중도세력이 약화되면서 보수는 더욱 극보수 쪽으로, 진보는 더욱 극진보 쪽으로 이동하면서 국민여론을 양극단으로 분열하게 만든다.[10]

정당과 언론이 만들어내는 집단극단화는 온라인 공간의 네티즌을 극단적으로 분열시킨다. 결국 사회이익의 파편화는 사회단체들의 파당화를 낳고, 이 파당화는 집단극단화 정치적 양극화를 낳게 된다. 그렇다면, 정치적 양극화에 따른 집단극단화는 민주주의 규범의 파괴와 약화에 어떤 폐해와 문제점을 주는가?

전환기적 시대상황이라는 구조적 요인에 따른 사회파편화는 각종 사회적 단체와 이익집단의 등의 사회적 요구(input)의 분출을 증대시키고, 이익집단의 이기적 투쟁을 극대화하는 반면 정치적 양극화는 합리적인 대화와 토론에 따른 효율적인 정책산출(output)을 저해한다. 결국 이 두 영역의 불합치로 인해 정부와 정치권으로 대표되는 대의민주주의는 대화와 타협 그리고 숙의와 합의라는 민주주의 규범을 파괴하거나 약화시키게 되고, 결국 '반응성'과 '책임성'에 있어서 정치의 무능력과 불신을 극대화하면서 통치불능상태에 빠지게 된다.

즉 사회적 요구(input)와 정책산출(output) 간 불균형과 모순으로 정부위기와 정당불신 그리고 국가의 불신이 상시화되는 불신(不信)사회와 불신공화국을 만들게 된다. 이 불신공화국은 분열과 갈등이 있는 국회의 견제

쪽.

10 캐스 R. 선스타인, 이정인 옮김, 『우리는 왜 극단에 끌리는가』(서울: 프리뷰, 2011).

를 피하기 위한 행정부의 일방주의, 국회파행과 국정교착, 정쟁의 가속화와 정치불신의 극대화로 국민통합과 국가통합을 어렵게 함으로써 결국, 국가의 쇠퇴와 대의민주주의의 위기를 만성화시킨다.[11]

2. 공화주의적 대통령제와 친화적인 선거와 정당제도

(1) 왜 공화주의인가?

그렇다면 이런 불신공화국의 등장에 따른 국가의 쇠퇴와 민주주의 위기를 보고만 있을 것인가? 그에 대한 해법이 고민되어야 할 것이다. 그 해법은 당연 이러한 21세기 전환기적 시대상황에 부응하기 위한 새로운 공공철학의 노선으로 실용적인 제도접근론이 필요하다. 본 글에서는 21세기 전환기적 시대상황 속에서 자유주의와 자유지상주의 및 다원주의가 사회이익을 더욱 파편화시킴으로써 국민통합과 국가통합에 더 많은 한계를 노정시키는 만큼, 이를 넘어서는 대안으로 '공화주의'(republicanism)가 적절하다고 판단된다.

일찍이 다니엘 벨(Daniel Bell) 교수는, 『자본주의의 문화적 모순』[12]이란 저서에서 "사회적 파편화"와 "정치적 양극화"가 동시에 일어나는 시대상

11 채진원, 『무엇이 우리 정치를 위협하는가』(서울: 인물과 사상사, 2016).

12 Daniel Bell, *The Cultural Contradictions of Capitalism*, 1976, 176쪽.

황에서는 사회와 정치적 제도가 서로 작동하기 힘들고 정치적 반응성이 떨어진다고 진단하였다. 그는 대안적 해법으로 변화된 시대상황에 반응하는 새로운 공공철학의 노선과 새로운 정치문화로 '자유주의'(liberalism)의 한계를 넘어서는 새로운 대안패러다임이 필요하다고 역설하였다.[13]

한국에서 자유주의는 독재를 물리치고 자유화와 민주화를 이끌어내면서 사회적 이익집단들의 이익투쟁과 다원주의(pluralism)를 활성화시키는 데 크게 기여했다. 하지만 자유주의의 이러한 기여에도 불구하고, 자유주의가 말하는 '자유의 성격'이 국가의 공공선을 향한 '비지배적 자유'보다는 개인의 자유를 강조하는 '소극적인 자유'의 속성으로 인해, IMF 이후 자유지상주의(libertarianism)와 신자유주의 및 다원주의로 극단화되면서 민주화 이후 사회적 이익집단들의 파편화와 정치권의 극단적인 파당주의 그리고 정치적 양극화를 심화시켜 사회통합과 국가통합을 어렵게 하는 한계를 보여주었다는 점이다.

특히, 다원주의에서 이익집단은 공공적 이익보다는 자기가 속한 집단 이익을 보호하고자 이익집단정치를 극대화시킴으로써 국가의 공공선과 충돌하는 모순에 빠지기도 한다. 이것은 정치권이 그동안 '상층자본'인 재벌과 '상층노동'인 민주노총의 기득권을 너무 많이 보호하여 소득불평등 해소에 실패하고 있다는 비판과 자성의 목소리에서 극명하게 드러난다.

특히, 진보정당들이 평소 가난한 민중을 대변하는 진보를 자처했지만

---

13 다니엘 벨, 오세철 옮김, 『자본주의의 문화적 모순』(서울: 문학세계사, 1980); 채진원, 『무엇이 우리 정치를 위협하는가』(서울: 인물과 사상사, 2016).

실제로는 민주화운동을 주도했던 민주노총, 전교조, 공무원노조, 대기업 정규직을 주로 대변함으로써, 비정규직으로 표현되는 하위소득의 하층노동보다는 상위소득 10%의 상층노동계급을 과대대표하면서 그들의 기득권을 과도하게 보호해왔다는 비판이다.[14]

자유주의와 자유지상주의 및 다원주의의 한계로 인한 폐해는 SNS와 온라인 공간에서 극명하게 드러난다. 팟캐스트와 1인 TV 등의 극단화가 상호존중, 대화와 타협, 견제와 균형 등을 상식으로 하는 민주주의 규범과 한국 정치의 소통적 기반을 파괴하거나 약화시킨다. 같은 지지자와 같은 계파들끼리만 더 친해지고 더 연결될수록, 정당과 국회 그리고 사회와 국가는 더 분열하고 더 극단화되면서 불통하는 통치불능상태(ungovernability, 거버넌스의 위기)[15]가 발생한다.

보수가 극보수로, 진보가 극진보로 극단화되면, 당초 진보와 보수가 함께 절충했던 중간지대가 사라지면서 민주주의 위기가 찾아온다. 생각이 조금 다르지만 중간지대에서 공유하고 있었던 사람들이 극단화와 함께 적대적 진영으로 바뀌면서 상호존중, 대화와 토론, 견제와 균형 같은 민주주의 규범을 깨뜨리고 약화시키게 된다. 결국 이러한 민주주의 규범이 파괴

---

14 이범연, 『위장 취업자에서 늙은 노동자로 어언 30년』(서울: 레디앙, 2017). 채진원, 『무엇이 우리 정치를 위협하는가』(서울: 인물과 사상사, 2016), 52-57쪽.

15 통치불능이란 어떤 사회를 규율하는 전체 체제(social system) 속에서 그 구성원들이 따르는 규칙들이 그 밑바탕에 작용하는 법칙(underlying functional laws)을 위반하거나 그 구성원들이 그 법칙의 작동 방식대로 행동하지 않을 경우라고 정의한다. Claus Offe, "Contractions of the Welfare State." in J. Keane (ed.). *Contractions of the Welfare State* (London: Hutchinson Co. Ltd, 1984), 81쪽.

되고 약화되면, 그 틈을 뚫고 히틀러, 차베스 같은 포퓰리스트와 선동가 및 민중독재자가 등장하여 민주공화정을 전복하고 전제정으로 나아갈 가능성이 커지게 된다.[16]

같은 지지자, 같은 계파, 같은 파벌들 간의 '동종애'(loving in group)적인 내부소통과 연결은 더욱 강해지면서, '이종애'(loving out group)적인 외부소통과 연결은 약해지거나 배제(exclusion)가 커지게 되며, 결국 소통과 연결 및 통합의 확장은 더 이상 불가능하게 된다. 페북, 1인 TV, 팟캐스트 등 SNS를 잘 사용하면 숙의민주주의가 일어날 수 있다. 하지만 잘 못 사용하면 숙의를 망치는 '집단사고'(group thinking)와 '집단극단화'(group polarization)가 일어난다.

'집단 사고'는 의사결정에서 최고의사결정자의 뜻을 거스르는 반대의견을 말하기가 어려워지는 현상을 말한다. 즉, '집단 사고'란 의사결정과정에서 만장일치라는 동조의 압력으로 인해 충분한 논의가 이루어지지 못한 상태에서 합의에 도달하는 비합리적인 의사결정양식이다. '집단 극단화'란 다른 말로 '집단 편향성 동화'로도 번역되며, 성향이 비슷한 동질적인 사람끼리 모여서 토론을 하거나 의사결정을 하게 되면, 토론 후에는 더욱 극단적으로 보수적이거나 극단적으로 위험한 방향으로 쏠리는 현상을 말한다.[17]

집단극단화는 유유상종(類類相從)으로, 생각과 성향이 비슷한 사람들

---

16 레비츠기 스티븐 외, 박시연 옮김, 『어떻게 민주주의는 무너지는가』(서울: 어크로스, 2018).

17 캐스 R. 선스타인, 이정인 옮김, 『우리는 왜 극단에 끌리는가』(서울: 프리뷰, 2011).

이 모여 좋아요를 누르고 댓글을 달면서 흥분하여 더욱 극단화되는 것을 말한다. 이것들은 일명 루저라고 알려졌던 온라인 일베가 어떻게 여성혐오의 아이콘 집단으로 변화했는지를 잘 보여준다. 그리고 메갈에서 분가한 워마드가 어떻게 남성혐오의 아이콘 집단이 되었는지를 잘 보여준다.

'동종애'가 강할수록 새로운 정보와 아이디어를 접할 가능성은 사라지고 부패와 무능을 감추게 되어 있다. 보다 큰 소통과 통합 및 연결을 위해서는 보다 밀도가 약한 소통과 연결이 필요하다. 여기서 밀도가 약한 소통과 연결은 '집단'이 아닌, 개인적, 개별적 관계를 말한다.

'동종애'적인 소통과 '이종애'적인 소통이 서로 균형을 맞추지 않으면, 군중속 고독, 자율적 개인이 없는 전체주의와 같은 문제점을 맞볼 수밖에 없다.

미국 다원주의이론의 대부인 달(Robert A. Dahl)은 자신의 초기 저작과 달리 최후 저작인『경제민주주의에 관하여(*A Preface to Economic Democracy*)』를 통해서 기업의 소유권을 공유하거나 이에 참여하려는 경제민주주의 없이는 다원민주주의가 작동할 수 없음을 인정하고 대안으로 스웨덴 노조의 기업참여와 스페인 몬드라곤 협동기업처럼, 기업에서 일하는 사람들이 기업의 소유와 경영에 참여하여 민주적으로 통치하는 '자치기업'(self-governing enterprise)을 제시하였다.[18] 이 '자치기업'은 시민의 자율적 삶이라는 시민적 미덕과 관련되어 있다.

하지만 한국에서 다원민주주의를 '진보적 자유주의'로 수용했던 최장

---

18 로버트 달, 안승국 옮김, 『경제민주주의』(고양: 인간사랑, 1995).

집 교수를 필두로 한 노동운동과 진보정치세력은 노년이 되면서 자기한계를 수정해가는 로버트 달의 후기저작을 제대로 수용하지 않으면서, 정규직과 비정규직의 분열을 해결하는 데 한계를 보여주었다. 결국 이러한 다원민주주의의 한계는 상층노동자와 상층엘리트의 이익을 과대 대표하는 '이익집단정치'(정당의 이익집단화)로 흘러 정당과 국가의 공공선과 사회정의를 위협하게 되었다.[19]

정규직과 비정규직, 정규직 장년노동과 비정규직 청년노동의 복잡한 이해관계를 조정하고 통합할 수 있는 "기업민주주의"와 "자치기업"을 제시하지 않는 한, 다원민주주의적 이익대표체계(정당체계와 정당모델)는 민주노총을 중심으로 하는 상층 노동자의 이익을 과대 대표하는 '강자의 기득권 이데올로기'로 전락하게 된다.

대안적인 공공철학노선의 하나인 공화주의는 민주공화국의 철학적 기반이 될 수 있다. 공화주의는 일반적으로 시민적 덕성을 통해 비지배적 자유와 공공성을 추구하는 노선을 말한다. 그것의 핵심은 자유, 법치, 균형이다. 여기서 공공성은 "개인(私)의 자유를 살려서 공(公)을 여는 활사개공(活私開公)의 공공성을 말한다. 공화주의는 철저히 '개인'에만 방점을 둔 각자도생(各自圖生)도, 정반대로 '전체'만 중시하고 개인이 없는 멸사봉공(滅私奉公)과도 다르다. 공화주의는 극단의 좌우진영을 넘어 중산층과 중도층을 강화하는 통합의 논리라고 할 수 있다.[20]

---

19 채진원, 『무엇이 우리 정치를 위협하는가』(서울: 인물과 사상사, 2016).

20 모리치오 비롤리, 김경희·김동규 옮김, 『공화주의』(고양: 인간사랑, 2006).; M. Viroli, *For Love of Country: An Essay on Nationalism and Patriotism* (Oxford: Oxford

(2) 미국 공화주의 헌법의 설계자, 매디슨의 아이디어

우리가 민주공화국의 정치철학적 노선인 공화주의를 제대로 이해하고, 분단 상황속 한국에 적용하기 위해서는 우선 공화주의를 현대적으로 부활시켜 세계 최초로 민주공화국과 공화주의적 대통령제 정부를 탄생시킨 미국 건국의 경험과 논의에서 배울 필요가 있다. 특히, 미국 건국의 아버지들 중에서, 공화주의 대통령제 정부형태를 직접 설계한 정치가인 제임스 매디슨(James Madison)의 아이디어와 기본노선의 원칙들에 관심을 기울일 필요가 있다.

제임스 매디슨이 미국 대통령제 정부형태와 헌법의 설계를 통해서 가장 극복하고 싶었던 문제는 '파벌의 해악'(mischiefs of faction)이었다. 매디슨은 파벌과 파당 및 정당은 결국 국민의 의사를 반영하기보다는 자신들의 이해관계를 관철하기 위해 노력할 것이라고, '불신의 눈'으로 봤다.

매디슨은 '파벌의 해악'을 극복하기 위한 상식적이고 합리적인 대안의 관점에서 즉, '불신의 제도화' 방향에서 선거제도와 정당제도를 고민하였다.[21] 특히, '파벌의 해악'에 대한 매디슨의 불신과 경계는 다른 헌법제정자들에게도 공유되어 미국의 헌법조항에 '정당'에 관한 내용을 명시하지 않는 것으로도 연결되었고, 파벌과 파당에 휘둘리지 않는 방법을 찾는 데

University Press, 2003); 채진원, 『무엇이 우리 정치를 위협하는가』(서울: 인물과 사상사, 2016); 김윤희, 2018. "法治속 자유·공공성 강조…'갈등' 한국사회 치유할 가치들." 《문화일보》(11.1): 민병기. 2018. "인기 등에 업고 '의회패싱'… 民主主義 보완 '대안이념' 부상." 《문화일보》(11.1).

21 제임스 매디슨 외, 김동영 옮김, 『페더랄리스트 페이퍼』(서울: 한울아카데미, 1995).

매진하도록 만들었다.[22]

매디슨은 민주공화국 정부가 '파벌의 해악'으로부터 진정으로 벗어나기를 희망하였고, 대안으로 '공화주의적 대의제 정부'(republic)를 제시하였다. 그는 다수파벌이든 소수파벌이든, 파벌이란 "국가의 공공선에 역행하는 공통된 열정과 이해관계로 단결·행동하는 사람들"이라고 보았다. 그는 파벌의 형성은 본성적으로 사익을 추구하려는 인간의 자유에 있기 때문에 파벌의 원인을 근본적으로 제거하는 것은 실효성이 없다고 판단하고, 파벌의 영향력을 통제하는 쪽에 해법의 무게를 두었다.[23]

그가 제안한 해법은 파벌의 이해관계를 또 다른 파벌의 이해관계로 막는 즉, 서로 경쟁하고 견제하며 감시하도록 함으로써 경쟁하는 파벌들이 서로 견제와 균형을 통해 '공공선'과 '균형정부론'을 포기하지 않도록 하는 방법이었다.

그것의 핵심적인 장치는 어느 파벌도 공화국 정부의 권력을 하나로 독점하지 못하도록 가로축으로 '삼권분립과 상하원의 입법부 분리'와 세로축으로 지방정부와 연방정부를 나누는 '연방제'의 채택 그리고 '광역선거구를 통한 공정하고 사심 없는 대표자의 선출'이었다. 그가 '광역선거구에서의 대표선출'을 선택한 이유는 작은 선거구에서는 파벌의 영향력이 상대적으로 강하게 작동되어 파벌의 영향력을 줄일 수 없다고 보았기 때문이다.[24]

---

22 조지형, 『헌법에 비친 역사』(서울: 푸른역사, 2009), 143쪽.

23 제임스 매디슨 외, 김동영 옮김, 『페더랄리스트 페이퍼』(서울: 한울아카데미, 1995), 61−84쪽.

매디슨은 '가로축과 세로축의 권력분립', '파벌간의 견제와 균형', '광역 선거구제에서의 대표선출' 등을 통해 파벌의 영향력이 최소화되는 조건하에서 선출된 대표자가 자유로운 토론과 심의를 통해 소수자의 권리를 배려하면서 '다수파벌의 전횡'(tyranny of majority faction)을 방지함으로써 스스로 공정하고 정의로운 다수지배의 원리를 리더십의 덕목으로 활용할 것을 강조하였다.

즉, 그는 인간본성의 이중적 모순을 이해하는 가운데, 파벌형성의 자유와 파벌의 해악을 무조건 부정하거나 긍정하지도 않고, 파벌을 제도 안으로 끌어와서 파벌간의 경쟁을 유도하고 견제와 균형을 촉진함으로써 공공선추구를 통해 다수파벌에 의한 전횡을 예방하고자 했다.[25]

매디슨의 이러한 문제의식과 아이디어는 '공화주의적 대의정부'(republic)가 '순수한 민주정'(pure democracy)과 어떻게 다른지를 명확히 구분하는 가운데, 초창기 '파벌의 해악'을 혐오했던 태도인 '반정당주의론'에서 벗어나 파벌형성의 자유를 정당간 경쟁으로 제도화하고 견제와 균형을 잡는 '약한 정당론'의 제도화 쪽으로 방향을 바꿔서 민주공화당의 창당으로까지 이어지게 하였다.

일반적으로 정당을 보는 시각은 크게 세 가지(반정당주의론, 정당불가피론, 정당필수론)이다. '반(反)정당주의론'(anti-party)은 "정당은 선한 정부를 파괴하는 '사라져야 할 해악'이다"라고 보는 시각으로, 미국 초대 대통령 워

---

24 제임스 매디슨 외, 김동영 옮김, 『페더랄리스트 페이퍼』(서울: 한울아카데미, 1995), 85-98쪽.

25 채진원, "파벌의 해악과 국회선진화 과제." 한겨레 칼럼(9.25), 2013.

싱턴, 영국토리당의 볼링브로크 등이 주장했다. '정당불가피론'(unavoidable party)은 "정당은 자유정부에서 '필요악'이다"라고 보는 시각으로, 영국의 데이비드 흄, 프랑스의 토크빌, 매디슨이 주장했다. 이것은 공화주의적 대통령제 정부와 친화성이 있는 '약한 정당론'이다. '정당필수론'(essential party)은 "정당 없이 민주정부 없다"고 보는 시각으로, 영국의 에드먼드 버크, 필립 프리세 등이 주장했다. 이것은 내각제 정부와 친화성이 있는 '강한 정당론'이다.[26]

매디슨의 '약한 정당론'은 '파당(정당) 필수론'도 아니고 '파당(정당) 반대론'도 아닌 양자 사이에 있는 '정당 불가피론'으로, 대통령제 정부가 아닌 내각제 정부와 친화적으로 작동되고 있는 강한 이념적 정체성과 당규율화로 파벌을 양성화해서 필수화하고 있는 '강한 정당론'과 비교된다.

제임스 매디슨은 자신이 지지하는 최선의 정체인 '공화주의적 대의정부'를 고대의 직접 민주정을 의미하는 '순수민주정(국)'(pure democracy)과 구분하여 '공화정(국)'(republic)이라 부르고, 이 둘의 차이를 비교하였다. 또한 그는 자신의 공화정(국)이 순수민주정(국)보다 더 효과적이고 우월한 정체라고 강조했다.[27]

그가 순수한 민주정(국)보다 혼합정인 공화정(국)을 더 우월한 정부형태로 지지한 배경에는 순수민주정이 작은 영토와 소규모 인구로 인해 '다수

26 제임스 매디슨 외, 김동영 옮김, 『페더랄리스트 페이퍼』(서울: 한울아카데미, 1995); 유재일, "정당의 기능." 심지연 편. 『현대정당의 이해』(서울: 백산서당, 2004), 113–140쪽.

27 제임스 매디슨 외, 김동영 옮김, 『페더랄리스트 페이퍼』(서울: 한울아카데미, 1995).

결의 전횡'(tyranny of majority)과 '파벌의 해악'(mischiefs of faction)에서 벗어나기가 어렵다고 판단했기 때문이다. 매디슨은 "훨씬 더 넓은 영토와 훨씬 더 많은 시민"을 갖는 현대적인 공화정 정부(균형적인 대의정부)를 수립할 때, '다수결의 전횡'과 '파벌의 해악'에서 벗어날 수 있다고 보았다.

매디슨은 현대적인 공화주의 노선의 핵심원칙으로 파벌의 영향력이 최소화되는 광역선거구에서 탁월한 대표자들의 선출 그리고 파벌의 영향을 덜 받는 대표자들에 의한 통치 위임, 입법, 사법, 행정에 따른 권력분립과 견제 및 균형, 사법부의 최종적인 입법판단, 양원제, 연방제 등을 제시하였다. 이러한 원칙들은 매디슨의 '광역연방주의 공화국론'으로 정립되었다.[28]

매디슨에 의해 현대적으로 재구성된 '광역연방주의 공화국론'에서 강조하는 핵심적 가치는 두 가지이다. 첫째는 파벌의 영향력이 최소화되도록 더 넓은 대선거구에서 더 많은 유권자 시민들이 선출한 탁월하고 심의력이 있는 소수의 대표자에게 정부를 위임할 때, 더 효과적으로 '다수결의 전횡'과 '파벌의 해악'에서 벗어날 수 있다는 점이다.

둘째는 공화정은, 민주정이 강조하는 '다수파에 의한 소수파의 지배'처럼, 특정한 세력이 권력을 독점하여 다른 세력을 지배하거나 배제하는 것이 아닌 왕, 귀족, 평민이 견제와 균형 그리고 법치주의 아래 '비지배적 자유의 공존'(coexistence of free as non domination)을 지향하는 가운데, 이들 간에 권력의 기능을 분리하면서 권력을 공유하는 최선의 정부라는 점이다.

28 제임스 매디슨 외, 김동영 옮김, 『페더랄리스트 페이퍼』(서울: 한울아카데미, 1995), 61-68쪽.

그것의 출발점은 당연 민주정과 과두정이 혼합된 '선거제도'(즉, 보통선거에 따라 대표자를 선출하는 방안)이다(『정치학』, 1294a30–1294b15).[29]

매디슨은, 더 넓은 광역선거구에서 더 많은 시민들에 의해 선출된 소수의 대표자에게 정부를 위임하는 혼합적 연방공화국(federal republic) 즉, 비지배적인 자유(free as non–domination)를 확보하기 위해 단순히 권력만 분립하는(government of separated powers) 정부가 아니라 견제와 균형을 잡기 위해 전체 국가의 권력과 기능을 혼합하여 공유하는 정부(government of separated institutions sharing power)를 제안하였다.[30]

그의 이러한 문제의식은 세계 최초로 공화주의적 대통령제 정부의 탄생과 함께 대통령을 선출하는 선거제도를 탄생시켰다. 즉 파벌의 형성과 파벌의 분파적 이해를 상징하는 비례대표제가 없는 '소선거구 다수대표제의 선거제도'와 함께 파벌의 영향력을 인정하면서도 그것을 최소화하기 위해 유권자들이 대통령을 바로 선출하는 것이 아닌 '대통령 대의원선거인단'을 선출하여 그들로 하여금 대통령이 선출되도록 하는 '대통령선거인단투표제'를 만들어 냈다.

또한 민주공화당의 창시자인 매디슨은 "모든 정치사회에서 정당(parties)의 형성은 불가피하다(unavoidable)"고 보는 입장 아래 "공화주의 정당은 공화주의 정부에 대한 적과 친구 사이의 구분을 제외한 모든 차별을 추방하고, 공화주의 정부의 친구들 사이의 일반적인 조화를 조장하는 것

29 Aristoteles, 천병희 옮김, 『정치학』(서울: 숲, 2009).

30 Richard E. Neustadt, *Presidential Power and the Modern Presidents* (N.Y.: The Free Press, 1990).

이 이득이 된다"고 보면서 "반공화주의 정당과 경쟁해야 한다"고 주장하였다.[31]

특히, 매디슨은 공화주의 정당의 과제로 "1) 모든 사람들의 정치적 평등을 실현하고, 2) 경제적 불평등을 증가시키는 과도하고, 부당한 부를 가진 소수에게 필요 이상의 기회들을 주지 않고, 3) 재산권을 침해하는 일 없이 보통국가를 위해 지나친 부를 줄이고, 국가의 안락을 위해 극심한 곤궁함을 해결하는 법의 운용을 실현하고, 4) 상이한 이해관계에 따라 다르게 운용되는 조치들을 삼가고, 특히 다른 한 사람의 이해관계를 대가로 다른 사람이 이해관계를 추구하는 것을 막고, 5) 정당들의 존재가 막을 수 없는 일인 한, 서로를 견제하는 정당을 만드는 것"을 제시하였다.[32]

---

31 James Madison, 1792a, "Parties," National Gazette, 23 January 1792, in *The Papers of James Madison*, ed. Robert A. Rutland et al (Charlottesville: University Press of Virginia, 1983), vol. 14, 197-198쪽; James Madison, 1792b, "A Candid State of Parties," National Gazette, 22 September 1792, in *The Papers of James Madison*, ed. Robert A. Rutland et al (Charlottesville: University Press of Virginia, 1983), vol. 14, 371쪽.

32 James Madison, 1792a, "Parties," National Gazette, 23 January 1792, in *The Papers of James Madison*, ed. Robert A. Rutland et al (Charlottesville: University Press of Virginia, 1983), vol. 14, 197-198쪽.

3. 한국식 병립형 비례대표의 확대와 공천민주화

(1) 공화주의적 대통령제와 친화적인 선거제도

제임스 매디슨 등 세계 최초로 공화주의적 대통령제 정부를 설계하여 탄생시킨 미국 헌법의 제정자들(founding fathers)은 파벌과 파당 그리고 정당이 국민의 의사를 형성하고 반영하는 존재가 아니라 국민의 의사를 왜곡하고 파편화하면서 무시하는 권력기구로 변질될 것이라는 "파벌의 해악"을 누구보다도 강력하게 불신하고 경계하였다.

그들은 정당 혹은 파벌과 파당의 존재는 불가항력적이지만 그 위험성과 해악성을 최대한 줄이는 쪽으로 선거제도를 설계하였다. 그 대표적인 제도의 예는 '하원 의원의 2년 임기제도'와 '상원 의원의 6년 임기제도'이다. 미국 하원은 2년마다 선출하도록 되어 있고, 상원은 2년마다 3분의 1씩 교체되도록 하고 있다.

미국 헌법제정자들은 선거를 자주 실시함으로써 국민의 의사를 충실하게 반영하는 대표의회체제를 설계했다. 그들은 국민의사를 반영하는 일을 소홀히 할 경우, 지체 없이, 곧바로 다른 사람들로 대표자를 바꿀 수 있도록 하는 신속한 대의체제를 설계하였다.

우리의 경우는 국회의원 4년 임기제도를 선택하고 있어 미국과는 대조적이다. 우리역시도 미국의 헌법 제정자들이 고민했던 파벌의 해악성을 줄이고, 국민의 의사를 더욱 많이 그리고 자주 반영하도록 하기 위해서는 미국과 같은 상·하원 양원제도의 설치와 더불어 하원의 경우 국회의원 임기를 2년으로 줄이는 방안을 점진적으로 검토해야 할 것이다. 2년으로 줄이는 일이 너무 급진적이라면 국회의원의 4년 임기를 인정하되, 국회의원의 2분의 1을 2년 주기로 번갈아 선출하여 민심을 신속하게 반영하는 방안을 검토할 필요가 있다.[33]

공화주의적 대통령제와 친화적인 선거제도와 정당체제의 효과에 대한 이론 중 하나는 '뒤베르제 법칙'(Duverger's Law)이다. '뒤베르제의 법칙'은 "소선거구 단순다수제는 양당제를 낳고, 2차 투표가 허용되는 다수제와 비례제는 다당제를 낳는 경향이 있다"는 명제이다.[34] 이것은 정치학에서 하나의 경향적 법칙으로 자리매김한 대표적인 가설로 평가되고 있다.[35]

이 뒤베르제 법칙은, 공화주의적 대통령제 정부는 안정성을 강조하는 승자독식의 소선거구제와 집권당과 반대당으로 나뉘는 양당체제가 친화적일 수밖에 없고, 반대로 의원내각제 정부는 다원성을 강조하는 비례대표제와 다당제와 친화적일 수밖에 없다는 것을 매우 도식적으로 설명해주는 데 유효하다.

또한 뒤베르제 법칙은, 유권자들의 입장에서 단순다수제에서 자신의 선호에 부합하지 않더라도 사표보다는 당선가능성을 고려하여 차선이나 차악을 선택하는 '전략적 투표'(strategic voting) 행태가 나타나지만, 비례대표제에서는 유권자 개인의 선호에 가까운 정당에 투표하는 '진심투표'(sincere voting) 행태가 나타난다는 것을 설명해주는 데 유효하다.

---

33 조지형, 『헌법에 비친 역사』(서울: 푸른역사, 2009), 146쪽.

34 Maurice Duverger, *Political Parties* (London: Methuen Press, 1954), 217쪽.

35 William H. Riker, "The Two-Party System and Duverger's Law: An Essay on the History of Political Science," *The American Political Science Review*, Vol. 76, No. 4, 1982, 753-766쪽.

공화주의적 대통령제는 권력분립(separation of powers)을 전제로 해서 입법부인 의회와 행정부인 대통령이 각기 선출되어 서로 견제와 균형(check and balance)을 이루는 균형체제라는 것이 특징이다. 후안 린쯔(Juan Linz)는 이러한 균형체제가 작동하지 않을 가능성의 관점에서 민주화 연구의 일환으로 대통령제의 취약점을 지적한 바 있다.

후안 린쯔(Juan Linz)는 대통령제의 가장 큰 문제는 이중적 정통성(dual legitimacy)으로 인해 대통령과 의회가 모두 국민의 직접 선출을 통해서 수립되므로, 양 기관 모두 선출을 통한 정통성을 주장할 수 있어 갈등의 모순을 내재하고 있다고 설명하였다. 특히, 이 모순은 대통령이 소속된 집권당이 의회 내 소수당이 되는 여소야대가 되는 즉 분점정부(divided government) 상황에서 심각한 내홍을 겪게 된다고 언급하였다.[36]

뒤베르제와 후안 린쯔의 논의를 따르고 있는 메인워링(Mainwaring)은 남미의 경험연구를 통해 "다당제는 효과적인 대통령제의 아킬레스의 건"이라는 주장을 했다. 그는 남미의 경험연구를 통해서 대통령제와 분절화된 정당체제(fragmented party systems)에서 '대통령제의 위험'(Perils of Presidentialism), '다당제와 대통령제의 어려운 결합'(difficult Combination)이라는 테제를 만들어 냈다.[37]

뒤베르제, 후안 린쯔, 메인워링 등의 논의들은 예외적인 사례도 있지만,

---

36 Juan Linz, "The Perils of Presidentialism." *Journal of Democracy* 1 (1), 1990, 51–69쪽.

37 Scott P. Mainwaring, "Presidentialism, Multipartism, and Democracy: The Difficult Combination." *Comparative Political Studies* 26(July), 1993, 198–221쪽.

대체로 다당제와 결합된 대통령제는 신생 민주주의 국가에 매력적인 대안이 되지 못하는 것으로 평가하고 있다.[38] 앞선 여러 논의자들의 의견을 종합해 볼 때, 대통령제 정부와 내각제 정부의 국정운영원리는 다를 수밖에 없다는 점을 깊이 인식하면서 효과적인 국정운영의 방안에 대해서도 검토할 필요가 있다.

즉, '파벌의 위험성'을 축소하기 위해 '약한 정당론'에 기반하여 입법, 행정, 사법이 각각 분리되면서도 견제와 균형을 통해 공공선을 추구하는 미국식 대통령제 정부는 다수파의 대표자가 안정적인 권력을 갖도록 하는 '다수대표제 선거구'와 '승자독식의 행정부'를 갖는 대신 입법부와 사법부의 견제를 받으면서 균형을 찾는 경향이 있다.

반대로 파벌과 파당 및 정당의 분파성을 양성화하는 '강한 정당론'과 친화적인 내각제 정부는 소수파의 대표자도 비례적으로 권력에 참여하도록 하는 '소수대표제 선거구'와 '정당연립정부' 그리고 '의회 다수파가 입법과 행정권력'을 독점하는 융합정부를 강조하는 경향이 있다.

그러나 다수대표제와 견제와 균형을 강조하는 대통령제든, 소수대표제와 파벌간의 협치와 융합을 강조하는 내각제든 정당이 사당화되어 있거나 계파정치로 파당화가 작동돼 대표자와 의원의 자율성이 없다면, 양쪽 모두 독재에 빠질 수 있다는 점이다. '파벌의 해악'에 따른 독재정부의 강도는 삼권분립이 된 대통령제보다 삼권분립이 되지 않은 내각제에서 더

38 Arend Lijphart, *Patterns of Democracy: Government Forms and Performance in Thirty-Six Countries* (New Haven: Yale University Press, 1999).

강할 수 있다는 점이다.

즉, 정당의 공천방식이 계파공천에서 벗어나 상향식공천이 제도화되어 있지 않다면, 국민의 대표자인 의원 개인의 자율성이 실종되어 견제와 균형은 사라지게 되어 있고, 의원자율성이 없는 '강한 정당론'과 친화적인 내각제는 의회와 행정부가 융합되기에 더욱더 견제 받지 않는 독재권력이 될 수 있다는 점이다. 한국의 대통령제는 권력분립이 된 대통령제이면서도 영수회담과 여야정국정회의, 당정청전원회의 등 내각제요소도 첨가시켜 운영해 온 관행 탓("대통령제의 내각제적 운영모순")에 바람직한 선거제도와 정당개혁의 인식과 방향을 어렵게 하고 있다.

(2) 독일식 연동형 비례대표제에 대한 반론

독일식 연동형비례대표제를 일방적으로 주장하기보다는 이를 반대하는 상대가 있는 만큼, 다음의 쟁점을 놓고 관점의 차이를 토론할 필요가 있다. 첫째는 선거제도 개혁에서 국민이 요구하는 게 국회의원의 "책임성"인지 "비례성"인지 확인해 볼 필요가 있다. 둘째는 분단 속 대통령제 정부와 친화성이 있는 선거제도가 독일식 연동형 비례대표제인지 아니면 한국식 병립형 비례대표제인지 확인해 볼 필요가 있다.

〈그림 1〉 현행 선거제도의 문제점

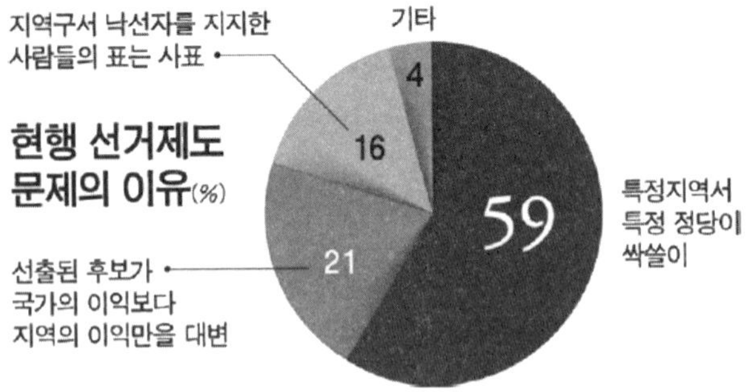

*출처: 정한울(2018.11.17)[39]

〈표 1〉 선호하는 선거제도

Base=전체	사례수	소 선거구제	중대 선거구제	연동형 정당명부 비례대표제	모름/ 무응답	계
본조사	1,030	42.5	21.7	26.8	9.0	100.0
12.21~22 조사	(1,000)	41.0	22.6	29.4	7.1	100.0
9.27~28 조사	(1,000)	43.0	22.2	30.4	4.2	100.0
7.12~13 조사	(1,000)	39.9	26.8	29.4	3.9	100.0
GAP (18. 2월–17.12월)		1.5	–0.9	–2.6	1.9	100.0

*출처: 갤럽여론조사(2018. 2).

39 정한울, "연동형비례제 찬성 국민 66% "지역구 투표가 좋아."" 《한국일보》 (11.17), 2018.

독일식 연동형 비례대표제의 도입을 주장하는 시각에서 보면, 정당득표율과 의석수 비율이 불일치하는 한국식 병립형 비례대표제가 불합리한 것으로 보일 수도 있다. 더더욱 비례대표가 없는 미국식 소선거구다수대표제는 비정상국가의 극치로 이상하게 보일 수도 있을 것이다. 그러나 정작 바보취급 당할지도 모르지만, 민주공화국의 모국인 미국인들은 소선거구 선거제도를 바꾸지 않고 있다.

미국인들이 선거제도를 비례대표제로 바꾸지 않는 이유는 앞서 논의한 대로, '파벌의 해악'에 대한 경계심 때문이다. 그들은 미국 헌법제정자들의 문제의식대로, 비례대표가 광역의 소선거구 대표와 달리 소수대표제를 반영함으로써 '파벌의 해악'으로부터 영향을 받을 가능성이 크고, 파벌과 파당의 제도화된 형태인 정당이 '강한 정당론'으로 무장된 상태에서 비례대표공천이 진행될 경우, 국민의 이익이 대변하지 못할 가능성이 커진다는 것을 누구보다도 잘 알고 있기 때문이다.

〈그림 1〉은 현행 선거제도의 문제점에 대해 국민 다수의견이 무엇이지 잘 보여준다. 현행 선거제도의 문제점은 '특정지역에서 특정정당이 싹쓸이'(59%), 선출된 후보가 국가의 이익보다 지역의 이익만을 대변(21%), 지역구서 낙선자를 지지한 사람들의 표가 사표(16%), 기타(4%)의 순서로 드러난다. 이런 결과는 한국 선거제도의 문제점이 독일식 연동형비례대표제 도입의 근거가 되는 '사표의 문제'(16%)보다는 전체적으로 국가이익을 대변하지 않는 지역파벌정당(59%)과 그 파벌정당에 포획된 대표자(21%)의 문제임을 잘 보여준다.

따라서 국민들은 이에 대한 대안으로도 현행 소선거구제도를 선호하고 있는 것으로 드러난다. 〈표 2〉의 결과처럼, 국민들은 중대선거구제

(21.7%)나 독일식 연동형 비례대표제(26.8%)보다 현행 소선거구제(42.5%)를 더욱 선호하고 있다.

〈그림 1〉, 〈표 1〉 등의 여론조사들 참고해 볼 때, 국민대다수의 관심사항은 대략 뽑아준 국회의원들이 제발 싸우지 말고 민생을 불안하게 하지 말고 민생의제를 대화와 타협으로 책임성 있게 잘 처리하라는 요구가 더 큰 것으로 보인다. 즉 국민들은 국회의 다양성보다는 국회의원의 책임성과 안정성을 더 요구하고 있다.

이런 국민들의 요구사항을 볼 때, 선거제도 개혁의 방향은 '독일식 연동형 비례대표제의 도입'을 통해 다양성을 보장하는 것이라기보다는 현행 소선거구제를 유지하더라도 대화하지 않고, 타협하지 않는 '싸움판 국회'를 개선하는 것이 바람직해 보인다. 즉 극단적인 좌우 진영 논리로 무장하여 싸움만 하는 무능하고 생산성 없는 국회 그리고 청와대와 당 지도부에 동원되는 자율성이 없는 국회의원들의 무책임성을 극복하고, 국민과 국가의 이익을 제대로 반영하는 국회를 만드는 것이라고 볼 수 있다.

싸움판 국회는 결국 의원의 자율성을 파괴하는 '계파공천'과 '강한 당론'과 관련이 있다는 점에서, 정치개혁의 방향은 파벌정당(파당주의)의 영향력으로부터 국회의원의 자율성과 대표의 책임성을 제고하는 것으로 설정될 필요가 있다. 우선 "국민참여경선제도의 법제화"를 통해 국회의원의 자율성과 대표성 및 책임성을 제고해야 한다.

(3) 대안

미국이 대통령제 정부의 국정안정성을 위해 비례대표제가 없고, 다수대표제로 운영하는 이유가 있듯이, 공화주의적 대통령제하에서 선거제도의 선택은 좌우를 넘어 누가 집권을 하든지, 대통령제에 부합하거나 친화적인 형태를 고려하는 게 중요하다. 한국의 선거제도는 분단속 대통령제에 부합하도록 안정성을 강조하는 다수대표제를 중심으로 하되 다양성을 강조하는 비례대표로 약간 보완하는 한국식 병립형 비례대표제를 채택하고 있다.

선거제도를 개혁할 경우, 기존제도의 경로의존과 지속성을 고려해서, 비례대표를 늘리더라도 대통령제의 국정안정성이 보장되도록 고려해서 지역구대 비례대표를 대략 최소 200대 100 혹은 최대 150대 150 정도로 "독일식 연동형 비례대표제" 대신 "한국식 병립형 비례대표제"로 개선할 필요가 있다. 즉, 한국에서 다수파를 존중하되, 소수파와 약자를 보호하는 정치적 다양성 확보를 위해서는 선거제 논의에서 "독일식 연동형 비례대표제"보다 "한국식 병립형 비례대표제"확대가 필요하다.

그렇다면 왜 독일식 연동형 비례대표제가 아닌 한국식 병립형 비례대표제야만 하는가? 그 이유는 제도개혁 시 요구되는 제도간의 부합성 효과 때문이다. 독일식 연동형 비례대표제가, 대통령제의 국정불안정과 관련이 있는 여소야대의 다당제로 만들어 내고, 이 다당제는 내각제와 부합성이 더 크다는 점 때문이다. 다당제는 분단상황에 처한 우리 실정, 즉 다양성 만큼이나 각종 개혁을 위한 국정안정이 중요한 대통령제 정부형태에 부합하지 않으면서 국정불안정과 정치 불안을 초래할 수 있기 때문이다.

우리의 실정에는 "국정안정성"(governability)이 보다 고려 돼야한다는 점에서, 극단적 다당제나 극단적 양당제 보다 "중도수렴의 온건한 양당제"를 유도하는 한국식 병립형 비례대표제 확대가 더 적실할 것으로 보인다.

무엇보다 우리의 분단사정과 한국적인 정치문화를 무시하는 "외국제도 이식론"을 경계할 필요가 있다. "외국제도 이식론"의 문제점은 "제도개선론"과 비교해 볼 때 차이가 크다.

"제도개선론"의 핵심은 다른 나라의 제도를 가져올 때는 줄기만이 아니라 뿌리째 들여와야 한다는 점이다. 뿌리째 들여와야 한다는 것은 쉬운 일이 아니고, 성공율이 높은 것도 아니다. 결국 그 제도의 뿌리가 우리 토양에 착근할 수 있도록 적절한 환경과 풍토를 조성하는 데 전력해야 한다는 점이다.

예를 들면 미국의 시장경제와 민주주의제도라는 제도의 뿌리에는 "청교도의 생산적 금욕주의와 청교도적 직업윤리"라는 '생활습속'(습관과 풍속)이 작동하고 있다.[40] 그러나 아쉽게도 우리는 제도의 뿌리 없이 줄기만을 꺾어다가 주로 이식하는 데 익숙하다. 그래서 미국의 대통령제를 들여와도 '제왕적 대통령'이 나오게 된다. 청교도의 생산적 금욕주의의 특성인 "자율적 개인주의"와 "자율적인 계약문화" 및 "견제와 균형을 통한 공공선 추구"가 없는 유교적 조직문화(위계서열의 집단주의적 조직문화)에 미국의 제도를 붙였기 때문에 결국, 삼권분립의 공화제적 대통령제가 아니라 "제왕적 대통령"이 나오게 되는 것이다.

귤이 회수를 건너면 탱자가 된다는 귤화위지(橘化爲枳)라는 말이 있다. 이처럼, 독일식 연동형 비례대표제도 정치문화가 다른 남미의 땅에 가면

40 알렉시스 드 토크빌, 임효선·박지동 옮김, 『미국의 민주주의』 I·II(서울: 한길사, 1997).

독일과 같이 작동하지 않을 가능성이 크다. 연동형비례제가 독일을 넘어 알바니아(Albania), 레소토(Lesotho), 볼리비아(Bolivia), 베네주엘라(Venezuela) 등 남미국가의 풍토로 가면, 비례성 효과보다는 정당간의 계파담합과 하향식 공천문화 등으로 인해 지역주의, 파벌주의, 여야교착으로 불비례가 더욱 고착화된다는 연구가 있다.[41] 이런 연구결과를 고려한다면, 정치문화적 풍토와 제도결합에 대해 심사숙고해야 한다.

따라서 진정한 제도개선론이 되기 위해서는 기존제도가 작동했던 문화, 관습, 습관이 쉽게 사라지지 않는다는 것을 알고, 기존의 전통 속에서도 새로운 제도가 자라날 수 있는 뿌리와 사례를 찾아서 새로운 제도의 뿌리와 접합하려는 "내생적인 뿌리찾기 접근"이 필요하다. 특히, 우리 정치문화가 미국과 달리 위계서열의 집단주의적 조직문화가 강하다는 점에서 법제도의 도입 이전에 "유교적인 내부관행과 관습의 혁신"이 선행될 필요가 있다.

또한 도입해야 하는 제도의 특성을 충분히 이해하는 것도 중요하다. 독일식 연동형 비례대표제 도입을 주장하는 측에서는 이 제도가 민심을 있는 그대로 대변한다고 홍보하고 있다. 그들의 주장대로, 이 제도가 정말 민심을 그대로 반영하는 제도일까? 결론적으로 말해서 그렇지는 않다는 점이다.

독일식 연동형 비례대표제가 작동하고 있는 독일의 경우에도 민심 그

41 강우진, "선거제도 개혁의 방향–정부형태와의 정합성을 중심으로." 『선거제도 개혁공청회 자료집(11.14)』, 2018.

대로 작동하지 않고 있다는 점이다. 독일의 국회의원 정수는 299명(지역)+299명(비례)=598명인데, 실제 선출된 의원수는 2013년 총선 때는 631명으로 33석(초과4, 보정29)이 증가했고, 2017년 총선 때는 709명으로 111석(초과46, 보정65)이 늘어났다는 것을 기억할 필요가 있다. 의원정수가 598명인데 709명이 선출되는 되는 결과는 민심 그대로가 아니라는 것을 보여준다. 민심 그대로가 아니라 민심을 무시하는 정당의 과대대표라고 볼 수 있다.

독일식 연동형 비례대표제를 한국에 적용하면 어떻게 될까? 정말 민심이 그대로 반영되는 것일까? 결론적으로 그렇지 않다는 점이다. 대략 지난 국회의원 선거의 득표경험을 볼 때, 자유한국당이 영남지역에서 지역구의 당선율이 최소 60%이고, 민주당이 호남지역에서 지역구의 당선율이 최소 70%라고 가정하고, 민주당과 자유한국당의 정당득표율을 각각 최고로 잡아 40%라고 한다면, 자유한국당은 영남지역에서 최소 20%의 초과의석이 그리고 민주당은 호남지역에서 최소 30%의 초과의석이 발생한다는 점이다. 이런 것을 치밀하게 따져보지 않고 민심 그대로라고 주장하는 것은 설득력이 떨어진다.

독일식 연동형 비례대표제를 전문적으로 연구해온 김종갑 국회 입법조사처 조사관은 "국내에서는 독일식 비례제의 높은 비례성만 부각되어 초과의석의 문제점이 간과되는 측면이 있다"며 "초과의석이 초래하는 표의 등가성 침해나 의석배분의 불공정성 등의 문제를 과소평가하면 독일식 비례제에 대한 적실성 있는 평가를 내리기 어렵다"고 지적한 바 있다.[42]

(4) 내각제에 친화적인 선거제도를 배제하는 이유

앞선 논의에도 불구하고, 그렇다면 대통령제 대신에 내각제에 친화적인 선거제도를 대안으로 선택하면 안 되는 것일까? 이런 질문은 근본적인 논쟁사항이 될 수밖에 없다. 본 글은 이론적으로나 경험적으로나 내각제보다 대통령제가 권력구조상 더 우월한 정부형태이고, 공화주의 정신에 친화적이라는 잠정적인 가정 탓에 내각제에 친화적인 선거제도를 대안으로 고려하지 않고 있다.

그렇다면, 이론적인 차원에서 그리고 경험적인 차원에서 왜 그런 결론이 나올 수밖에 없는지를 검토하는 것이 상식적이다. 잠정적인 결론을 미리 요약해 보면 다음과 같다. 다수 시민들의 시민권과 참정권의 효과적인 보장과 분단체제에 대한 효과적인 대응이라는 점에서 공화주의적 대통령제가 내각제보다 더 우월한 체제이고, 공화주의 정신에 친화적인 정부형태라고 말할 수 있다는 점이다.

그 판단의 근거는 우선 대통령제와 내각제가 출현하는 역사적 연원에서 찾을 수 있다. 공화주의 정부형태가 영국의 입헌군주정에 맞선 미국의 독립전쟁과 건국과정에서 탄생한 역사적 경험처럼, 대통령제는 왕과 시민과의 투쟁의 산물에서 기원한다. 그리고 내각제는 고대 로마의 원로원에 그 역사적 뿌리를 두면서, 영국 입헌군주정의 등장 및 변형의 경험처럼, 왕

---

42 김민우, "[독일 선거제도 톺아보기-선거법 개정②] 초과의석과 보정의석 배분이 핵심." 《시사위크》 (11.4), 2018.

과 귀족과의 투쟁의 산물에서 기원한다(조지형 2009, 258).[43]

이 같은 역사적 연원 속에서 대통령제는 권력의 삼권분립과 함께 일반 시민들의 시민권과 참정권이 효과적으로 보장되어서 왕, 귀족, 민중 등 특정한 계급의 권력독점과 부패를 막으면서 상호 견제와 균형을 통해 국가의 공공선에 효과적으로 도달할 수 있도록 설계되었다. 이런 점에서, 대통령제가 귀족과 시민들의 '제한적 시민참여'를 기원으로 하는 내각제보다 더 우월한 체제이며 공화주의 정신에 더 친화적이라고 볼 수 있다.

특히, '의회중심의 내각제'는 정당과 내각의 집단책임을 물을 수 있다는 장점에도 불구하고, 삼권분립의 대통령제보다 민주적 대표성이 떨어진다는 단점이 있다. 즉 대통령은 일반적으로 국민이 직접 선출하지만, 수상은 의회의 정당대표자들이 선출하기 때문에 정치적 기득권이 커질 수 있다는 단점이 있다.

또한 내각제는 상대적으로 강한 입법부와 약한 행정부의 구조를 갖게 되어 권력분립이 지켜지기 어려운 단점이 있어서 사법부나 행정부가 입법부의 강력한 권력행사를 제대로 견제할 수 없는 문제가 있다. 특히, 대통령은 임기가 끝나면 다른 사람으로 바뀌지만 의회 의원들은 오랫동안 그 자리에서 권력의 기득권을 유지할 수 있어 견제하기가 힘들다는 단점이 있다는 점이다(조지형 2009, 258–261).[44]

우리나라가 그간 의회중심의 내각제에서 대통령제로 변경했던 이유는

43 조지형, 『헌법에 비친 역사』(서울: 푸른역사, 2009), 258쪽.
44 조지형, 『헌법에 비친 역사』(서울: 푸른역사, 2009), 258–261쪽.

무엇일까? 그 주된 이유는 남북의 대치상황에 따른 안보위기라는 정치현실에 파당정치와 국론분열로 상징되는 한국의 내각제가 '북한의 오판'을 불러오는 원인으로 작동할 수 있다는 이른바, '이데올로기적 공포'가 크게 작동했기 때문이다(조지형 2009, 260−261).[45]

또한 내각제는 '정당에 의한 정당의 정치'를 의미하기에 관용과 타협할 수 있는 성숙한 정당문화가 없으면, 효과적인 의사결정을 내리지 못하는 국가의 불안정성이 초래되기 때문에 안보위기의 대응에 1인의 대통령보다 정당들이 효과적이지 않다고 보았기 때문이다(송석윤 2010).[46]

상술한 것처럼, 내각제가 대통령제로 변경된 배경에는 '분단체제의 대응문제'가 있었다는 점이다. 이 분단체제가 현재까지 긴장감을 가지고 지속되고 있다는 것은 현행 대통령제를 내각제로 바꿀 특별한 유인구조가 없다는 점에서 내각제보다 대통령제가 여전히 효과적인 정부형태라고 판단할 수 있을 것이다.

---

45 조지형, 『헌법에 비친 역사』(서울: 푸른역사, 2009), 260−261쪽.

46 송석윤, "정당해산심판의 실체적 요건: 정당해산심판제도의 좌표와 관련하여." 『서울대학교법학』 제51권 제1호(통권 제154호, 2010), 27−65쪽.

4. 공화주의 정당모델과 국민참여경선제 법제화

(1) 중도수렴의 온건한 양당체계의 수립

지구에는 중력의 법칙이 있듯이, 선거제도와 정당체계에도 무시해서는 안 되는 하나의 경향적 법칙들이 있다. 그것은 뒤베르제의 '뒤베르제의 법칙'(Duverger's Law)과 앤서니 다운스(A. Downs)의 '중위투표자 정리'(Median Voter Theorem)이다.[47]

공화주의적 대통령제에 부합하는 소선거구제 다수대표제는 집권당과 반대당으로 양당제를 구축한다는 것이 "뒤베르제의 법칙"이다. 그리고 공화주의적 대통령제와 친화적인 양당제는 선거승리를 위해 더 많은 중앙의 중도유권자에 다가서서 어필하는 '중도수렴화전략'이 합리적이라는 주장하는 것이 "다운스의 중위투표 정리"이다.

이 두 개의 경향적 법칙들을 무시하거나 거스르는 판단과 행위는 결국 실패를 맞보게 된다. 이 두 가지 경향적 법칙을 고려한다면, 대통령제 하에서 작동하고 있는 한국 정당의 문제는 '양당제 그 자체의 문제'라기보다는 "극단적 양당제"의 문제로써 그 대안은 "다당제"가 아니라 "중도수렴의 온건한 양당제"가 적절하다고 볼 수 있다.

이러한 논의에서 볼 때, 현재 제기되고 있는 정치적 다양성의 구현은 내

---

47 Anthony Downs, *An Economic Theory of Democracy* (New York: Harper and Row, 1957).

각제와 친화적인 다당제로 해결할 수도 있지만, 앞서 언급한 것처럼, 분단 속 공화주의적 대통령제가 탄생한 배경이 미소냉전과 분단구조에서 파생한 역사적 산물로써 경로의존상 쉽게 바꿀 수 있는 게 아니라고 한다면, 정치적 다양성의 추구는 내각제가 아닌 공화주의적 대통령제에 부합하는 다른 방식으로 해결하는 것이 합리적이다.

일반적으로 공화주의적 대통령제에서는 유효정당은 집권당과 반대당으로 수렴되어 2개 이상 나오기가 매우 힘들다는 점, 그리고 당의 수가 많다고 해서 다당제가 되지 않는 점 등을 고려할 필요가 있다. 그래서 정치적 다양성은 다당제가 아닌 "중도수렴의 온건 양당제"를 기본축으로 놓고 중도수렴을 추구하는 온건한 정당내의 여러 정파들이 생산적으로 동거할 수 있는 '포괄적인 정당모델'이나 파당주의를 최소화하면서 공공선을 추구하면서 동거할 수 있는 '공화주의 정당모델'의 지향으로 해결하는 것이 바람직하다.

즉, 공화제적 대통령제 정부는 '삼권분립' 그리고 '견제와 균형'의 원리상 '극단적인 양당제'가 아니라 '중도수렴의 온건 양당제'체제와 친화적이다. 만약 공화주의적 대통령제를 유지하면서 다당제 체제가 나오는 독일식 연동형 비례대표제를 실시하게 된다면 어떤 일이 벌어질까? 총선에서 집권당은 대략 40% 의석을 얻기가 힘들게 되고, 결국 만성적인 여소야대 국면과 분점정부로 인해 집권당 정부는 상시적 국정불안 상태에 빠지게 되고, 대통령은 레임덕에 빠질 수밖에 없다. 이렇게 되면, 여야교착과 국회파행, 파당주의 증가에 따른 정치의 생산성 약화로 국민의 정치불신이 극대화될 수밖에 없고, 이를 틈타 포퓰리스트(민중선동가)들이 권력을 장악하여 독재체제로 갈 수도 있다.

중도수렴을 지향하는 온건한 정당 내에 다양한 정파가 생산적으로 공존할 수 있는 '포괄정당'(catch—all party)이나 파당주의를 최소화하면서 여러 정파들이 공공선을 추구하는 방향으로 동거할 수 있는 '공화주의 정당모델'인 '네트워크정당모델'이 더 적실성이 있다. 즉, 정치적 다양성은 다당제 체제를 만들어 내는 독일식 연동형비례대표제가 아닌 한국식 병립형 비례대표제의 확대와 더불어 중도수렴의 온건한 양당제 체제를 지켜가면서도 정당 내 다양한 정파들이 포괄적으로 공존할 수 있는 "네트워크정당모델(엄브렐러 파티)"로도 구현하는 것이 바람직하다.

'네트워크 정당모델'은 지구화, 후기산업화, 탈물질주의, 정보화시대에 부응하여 다양한 플랫폼을 통해 '공직수준 정당'과 '유권자수준 정당'의 연결을 더욱 강화해야 한다는 당위적 필요성을 더 효과적으로 강조하기 위한 것이다. 특히, '네트워크정당모델'은 당원뿐만 아니라 의원과 공직 후보자의 지지자 등 적극적인 시민들의 참여를 기반으로 하여, 이른 바 정당과 시민정치(시민사회단체) 지지자를 연결하려는 정당모델이다.[48]

포괄정당의 예는, 과거 '혁신과 통합'이라는 시민정치단체가 '시민통합당'을 만들어 민주당과 통합하여 민주통합당을 만들어 국회의원을 공천한 적이 있다. 미국 좌파성향의 버니 샌더스 후보가 민주당 경선후보로 나와 힐러리 클린턴 후보와 경선한 경우도 여기에 해당된다고 볼 수 있다. 이런 방식이라면, 정의당과 민주당이 통합하여 국회의원을 공천할 수 도 있

48 네트워크정당모델에 대해서는 다음 문헌 참조. 채진원, "시민정치의 흐름과 네트워크정당모델의 과제." 『민주주의와 인권』 제16권 1호. 6—50쪽; 채진원, 『무엇이 우리 정치를 위협하는가』(서울: 인물과 사상사, 2016), 208—241쪽.

을 것이다.

(2) 제왕적 대통령제의 발생 원인과 정당공천의 문제

앞서 언급한 것처럼, 분단 속 공화주의적 대통령제가 탄생한 배경이 미소냉전과 분단구조에서 파생한 역사적 산물로써 경로의존상 쉽게 바꿀 수 있는 게 아니라는 견해는 지금까지 대통령제를 부정하는 개헌이 성공하지 못했다는 점에서 여러모로 설득력이 있다. 그런 가정하에서 이른바, 한국의 '제왕적 대통령제'는 어떻게 극복할 수 있을까?

정당의 상향식 공천개혁과 중앙정부의 관료개혁 등으로도 충분히 가능하다고 판단된다. 왜냐하면, 한국의 제왕적 대통령제는 우리헌법이 "제왕적 대통령제를 하라"고 법조문화되어 있어서 생긴 문제가 아니고, 또한 '대통령제도 그 자체' 때문에 발생한 게 아니기 때문이다.

제왕적 대통령은 김영삼, 김대중, 김종필 3김이나 이명박 대통령이나 박근혜 대통령처럼, 국회의원의 공천권을 장악한 정당의 보스들이 대통령이 되어 삼권분립이 아닌 국회 다수당을 매개로 입법부 권력 그리고 검찰, 경찰, 국정원, 국세청, 공정위 등 행정부 권력, 사법부 권력을 전일적으로 융합하여 총동원할 수 있을 때 탄생한다는 점이다.

제왕적 대통령제 탄생여부에 영향을 미치는 중요한 변수는, 정당보스의 국회의원 공천권 장악여부이다. 만약 대통령이 된 정당의 보스가 입법부와 다수당을 장악하는 핵심수단인 국회의원 공천권을 가질 수 없고, 국회의원들과 국회의 독자적 자율성이 크다면, 대통령과 행정부 및 권력기관들이 독립적 자율성이 큰 국회와 국회의원들에 의한 견제를 받기 때문에 제왕적 대통령이 나올 가능성이 없을 것이다.

따라서 그 해법은 정당의 보스로서 활동하고 있는 대통령이 국회의원의 공천권을, 그리고 국회의원이 지방의원의 공천권을 행사하지 못하도록 상향식 공천제도인 "국민참여경선제도"를 "미국의 예비선거제"처럼 실시하도록 법제화하는 것에서 시작할 필요가 있다.

한국에서 제왕적 대통령제가 탄생하는 핵심적 원인은, 정당과 의원들을 지배하고 하고 있는 정당의 보스들이 대통령에 당선되어 행정부를 장악한 상태에서 국회의원 공천권을 무기로 집권당 다수의원들을 통제하여 입법부와 행정부의 권력이 융합되는 "내각제"방식으로 삼권분립의 대통령제를 운영해온 관행 때문이다.

즉, 공화주의적 대통령제를 내각제 방식으로 운영해 온 "관행의 모순"이라고 할 수 있다. 사실상 정당 내 의원들을 포획하여 지배하고 있으면서 계파정치를 주도하는 정당의 보스가 현직 대통령이 될 때, 그리고 그 대통령은 다수당 지배(공천권지배, 의회예산권 지배)를 기반으로 입법부와 행정부를 융합시켜 내각제처럼 운영하여 견제를 받지 않을 때, 제왕적 대통령이 탄생한다는 점이다.

따라서 제왕적 대통령제를 개혁하기 위해서는 삼권분립의 공화제적 대통령제를 내각제처럼 운영해온 관행의 모순과 고리를 끊고, 각 권력기관들이 독립성과 자율성을 가지고 서로의 기관을 상호 견제하고 균형을 잡도록 하는 관료개혁이 반드시 필요하다. 이를 위해서는 우선 입법부와 행정부의 융합을 연결시키는 연결고리인 "정당의 하향식 계파공천방식"부터 개혁할 필요가 있다. 정당의 보스와 대통령에 의한 "하향식 계파공천"이 되지 못하도록 미국식 예비선거제와 같은 상향식 공천제도인 "국민참여경선제의 법제화"가 필요하다.

(3) 대안: 국민참여경선제 법제화 방안

새로운 정치를 하고자 하는 사람들은 정당개혁과 정당창당을 고민할 수밖에 없다. 오늘날 정당은 그람시 말대로, "현대화된 군주"이다.[49] 정당의 헤게모니를 잡거나 공천을 받지 못하면 당권은 물론 정치권력을 획득할 수 없다.

오늘날 정당의 과제는 미헬스가 언급한 것처럼, 민주정당으로 출발한 독일사회민주당도 피할 수 없었다는 "과두제의 철칙"에서 벗어나는 일이다.[50] 역사적인 정당진화의 경험을 볼 때, 이 "과두제의 철칙"에서 벗어날 수 있는 거의 유일한 방법은 공천권을 국민들에게 분산하여 나눠주면서 국민의 참여를 촉진하는 "국민참여경선제"가 가장 적절하다는 점이다.[51]

국민참여경선제의 법제화를 통해 유력 정당들이 "네트워크정당"으로 변화할 수 있을 때, 정당은 비로소, 정당의 과두정 성격을 벗어나 공화주의적 정당모델을 만들 수 있을 것이다. 정당의 공천민주화 없이 비례대표만 확대된다면, 민생정치가 소외되고 정치권의 기득권만 커지는 문제가 발생할 수 있다.

---

49 김종법, 『그람시의 군주론』(서울: 바다출판사, 2015).

50 로베르트 미헬스, 김학이 옮김, 『정당사회학: 근대 민주주의의 과두적 경향에 관한 연구』(서울: 한길사, 2002).

51 채진원, 『무엇이 우리 정치를 위협하는가』(서울: 인물과 사상사, 2016).

국민참여경선제의 법제화 추진과 함께 비례대표의 공천방식도 '국민참여경선제' 방식을 포함하여 '정책배심원 선거인단제'를 활용하는 방식으로 개선될 필요가 있다. 또한 비례대표제의 직능대표성을 강화하는 방안으로 "비례대표제의 직능별 인구비례공천방식"을 도입할 필요도 있다.

〈표 2〉 중앙선관위의 국민참여경선제 제도방안

	중앙선관위 안(2011. 4.8)	중앙선관위 안(2015. 2. 24)
선거의 적용범위	대통령, 국회의원, 광역자치단체장	대통령, 국회의원, 광역자치단체장
선거의 선택/ 가중치	정당의 의무적 선택과 선거결과 비중의 자율적 적용	■대통령선거: 국회 교섭단체 구성 정당 모두가 참여하는 경우에 한하여 실시 ■그 밖의 선거: 국회 교섭단체 구성 정당 중 어느 하나의 정당이라도 참여하면 해당 정당에 대하여 실시
선관위 위탁 여부/ 비용국고	국고보조금 받는 정당(대선은 20석 원내교섭단체)국고비용	
선거일규정	대통령: 선거일 전 120일 이후 첫 번째 토요일 국회의원 및 광역자치단체장: 본선거일 전 40일 이후 첫 번째 토요일	대통령: 본 선거일 전 90일 이후 첫 번째 토요일 국회의원 및 광역자치단체장: 본선거일 전 40일 이후 첫 번째 토요일
여야 동시 실시/ 유권자 역선택 문제 규정	여야동시 실시(한 유권자가 하나의 정당 경선에만 참여 가능)	

〈표 3〉 중앙선관위 안의 차이 비교

	중앙선관위 안(2011. 4.8)	중앙선관위 안(2015. 2. 24)
차이점	-'국고보조금을 받는 모든 정당'이 합의하여 여야가 동시 선택 시 가능 -모든 선거단위에 의무적으로 선택	-국회교섭단체 구성 정당 -대통령 선거 단위: 국회교섭단체 정당 모두 참여 할 시 가능 -그 밖의 선거 단위: 국회교섭단체 정당 한 정당이라도 의무적으로 선택 가능

"국민참여경선제의 법제화"가 되지 않은 상태에서, 정당 자체적으로 운영되는 현행 국민참여경선제는 참여과정에서의 동원문제, 모바일에서의 기계조작의 문제 등과 함께 지지자들 간의 극단적인 이념논쟁과 정파 간 주도권 다툼이 당의 개방성과 '유권자 정당화'의 토대를 약화시킬 수 있는 문제점이 있다. 이 같은 문제점을 해결하기 위해서는 "국민참여경선제의 법제화"를 통해서 후보 간의 이념적 편향성과 지지자간의 정파적 편향성을 줄이는 대신, 보다 많은 유권자들이 본선경쟁력을 중시하면서 '전략투표'가 활성화될 수 있도록 설계할 필요가 있다.[52]

'국민참여경선제의 법제화방안'은 〈표 2〉처럼, 중앙선관위가 2011년과 2015년 두 차례에 걸쳐 제안한 바 있다. 〈표 3〉처럼, 2015년 중앙선관위 안은 2011년 안에 비해 진전되었다. 2015년 중앙선관위 안은 국민참여경선제의 법제화에 대한 정당 간 이견으로 법제화가 늦어지는 것을 막기 위해 '국고보조금 받는 모든 정당의 합의'를 '국회교섭단체 정당의 합의'로 범위를 축소했다. 또한 2011년 안에서는 모든 선거단위(대통령, 국회의원, 광역단체장)에 의무적으로 적용했던 것을 2015년 안에서는 다소 축소하여, 대통령 선거로 한정하고, 나머지 국회의원, 광역단체장 선거는 국회교섭단체 정당의 합의 없이 한 정당이라도 선택할 때 가능하도록 입법기술적 유연성과 현실성을 높였다는 점이다.

---

52 임성호, "당내 경선에서의 전략투표와 대통령선거의 이념적 비편향성." 『선거관리』 제52호, 2006, 14-129쪽.

5. 공화주의 정당의 과제

본 글의 취지는 세계화, 정보화, 후기산업화, 탈물질주의화, 탈냉전화 등 21세기 전환기적 시대상황 속에서 대의민주주의를 정상화시키기 위한 대안적인 공공철학의 노선으로 공화주의를 검토하는 가운데, 공화주의적인 대통령제에 친화적인 선거제도와 정당제도 개혁의 방향성에 대해 논의하는 것이다.

공화주의를 대안으로 제시하는 이유는 그동안 대안으로 상정되었던 자유주의와 자유지상주의 및 다원주의가 전환기적 시대상황속에서 사회이익을 더욱 파편화시킴으로써 국민통합과 국가통합에 더 많은 한계를 노정시키고 있다는 여러 경험적 정황과 이론적 판단 때문이다.

이 글은 공화주의에 부합하는 제도개선에 대한 논의를 실험으로 시도했다는 점에서 많은 한계를 노정하고 있다. 비판과 후속논의를 통해 보완될 필요가 있다. 여러 한계에도 불구하고, 본 글은 두 가지 의의를 가지고 있다. 첫째는 공화주의 내용을 단순히 소개하는 것을 넘어서 왜 지금의 시대에 공화주의가 적실성을 갖는 노선인지에 대해 논의하였다는 점이다. 둘째는 현대 공화주의를 부활시킨 매디슨의 노선을 부각하고 수용하여 공화주의적 대통령제와 친화적인 선거제도와 정당제도 개혁방향에 대해 논의한 점이다. 이런 시각에서 독일식 연동형 비례제를 비판하는 대신 한국식 병립형 비례제 확대를 대안으로 제시하고 있다는 점이다.

마지막으로 한국적 상황에서 공화주의노선을 지향하는 정당의 시급한 과제에 대해 몇 가지 제언하고자 한다. 첫째, 강력한 국방력으로 한반도에서의 중미패권전쟁을 막아내는 방어태세와 함께 한반도에서 전쟁발생시

승리할 수 있도록 준비태세를 강화해야 하며, 이러한 방어태세와 준비태세를 목적으로 국가혁신의 동력을 확보하는 것이 시급하다는 것을 공유할 필요가 있다.

둘째, 외교노선과 관련해서는 중국과 경제협력, 미국과 군사동맹을 유지하되, 의도하지 않게 중미패권갈등의 연장선에서 남북과의 교전이 발생할 것을 대비하여 다음의 사항(중국과 미국의 직접적인 군사적 개입 없이 독자적으로 북한과의 방어적 전쟁을 수행할 것임을 주변국에 설득하고, 주변국은 최소한의 지원협력만 하고 군사적 중립을 지켜줄 것을 설득하는 방안)을 검토할 필요가 있다.

셋째, 국방노선과 관련해서는 국민개병제와 자주국방으로 국방역량의 강화를 전제로 다음의 사항(한미일 전수방어동맹 재확인, 전시작전권 환수, 주한미군의 부산으로 이전, 싸드 운영권 국내 환수와 주한미군의 단계적 축소의 맞교환으로 주권국가 지위 획득 등)을 검토할 필요가 있다.

넷째, 경제노선과 관련해서는 스웨덴식 제3의길(노사정 대타협, 산업평화와 기업민주주의, 동일노동, 동일임금, 연대임금제)과 함께 민주적인 종업원지주회사 활성화, 연기금 주주권 행사 강화 등에 대해 검토할 필요가 있다.

다섯째, 정치노선과 관련해서는 다음의 사항(대화와 타협의 공화주의정치 구현, 시민참여형 네트워크정당으로 정당개혁, 의원자율성과 숙의성 제고로 국회개혁, 비례대표제 직능대표성 강화, 국민참여경선제 법제화, 분권과 자치 헌법, 연방주의, 양원제 등)을 검토할 필요가 있다.

여섯째, 사회/교육노선과 관련해서는 제3섹터 영역(자선단체, 봉사단체, 주창단체, 사회적 기업, 협동조합 등)의 활성화, 공화시민교육(진로체험교육, 현장체험학습)의 강화를 검토할 필요가 있다.

일곱째, 당면한 북한 핵 문제를 해결하기 위해 다음의 세 가지 점을 검토할 필요가 있다. 하나, 북한 김정은 위원장도 한국처럼, "리비아모델"이 아니라 "한국식 박정희개발독재모델"을 수용하도록 중국, 미국을 설득할 필요가 있다. 40년 전 한국 박정희 정부는 월남 패망과 미군 철수의 안보위기를 극복하고자 핵 개발을 추진했고, 미국은 핵 포기의 조건으로 한국에 핵 우산과 안전보장 조치를 약속했다. 결국, 한국은 미국의 핵 개발 포기의 요구를 받아들이고, 경제발전을 선택했다는 점을 예시할 필요가 있다.

둘, 북한의 개혁과 개방을 돕기 위해 이른바, 한국의 경제발전모델(박정희식 개발독재모델)을 수용할 것을 설득하고 지원할 필요가 있다. 셋, 한국의 좌파와 우파의 타협을 위해, 북한이 소극적인 "체제보장요구"에서 벗어나 적극적으로 "민주주의와 시장경제로의 이행"을 천명하도록 하고, 과도기 이행으로 "개발독재"를 선언하면, 비핵화는 반드시 성공해야겠지만 혹시라도 숨겨놓은 핵무기가 있더라도 "민주주의와 시장경제"라는 규범은 핵을 사용할 일이 없기에 크게 문제가 되지 않을 것이라는 점을 설득할 필요가 있다.

참고문헌

강우진. 2018. “선거제도 개혁의 방향–정부형태와의 정합성을 중심으로.” 〈선거제도 개혁공청회 자료집(11.14)〉.

김민우. 2018. “[독일 선거제도 톺아보기–선거법 개정②] 초과의석과 보정의석 배분이 핵심.” 시사위크(11.4).

김윤희. 2018. “法治속 자유·공공성 강조…‘갈등’ 한국사회 치유할 가치들.” 《문화일보》(11.1). 민병기. 2018. “인기 등에 업고 ‘의회패싱’… 民主主義 보완 ‘대안이념’ 부상.” 《문화일보》(11.1).

김종법. 2015.『그람시의 군주론』. 서울: 바다출판사.

달, 로버트. 안승국 역. 1995.『경제민주주의』. 고양: 인간사랑.

레비츠기 스티븐 외. 박시연 역. 2018.『어떻게 민주주의는 무너지는가』. 서울: 어크로스.

마넹, 버나드. 곽준혁 역. 2004.『선거는 민주적인가』. 서울: 후마니타스.

마키아벨리. 강정인·안선재 역. 2009,『로마사 논고』. 서울: 한길사.

매디슨, 제임스 외. 김동영 옮김. 1995.『페더랄리스트 페이퍼』. 서울: 한울아카데미.

미헬스, 로베르트. 김학이 옮김. 2002.『정당사회학: 근대 민주주의의 과두적 경향에 관한 연구』. 서울: 한길사.

벨. 다니엘. 오세철 역. 1980.『자본주의의 문화적 모순』. 서울: 문학과 세계사.

비롤리, 모리치오. 김경희·김동규 역. 2006.『공화주의』. 고양: 인간사랑.

선스타인, 캐스 R. 이정인 옮김. 2011.『우리는 왜 극단에 끌리는가』. 서울: 프리뷰.

송석윤. 2010. “정당해산심판의 실체적 요건: 정당해산심판제도의 좌표와 관련하여.”『서울대학교법학』 제51권 제1호(통권 제154호), 27–65쪽.

이범연. 2017.『위장 취업자에서 늙은 노동자로 어언 30년』. 서울: 레디앙.

임성호. 2015. “정당내 정파(faction) 문제와 정치 양극화: 탈산업시대 정당의 위험요소와 극복방향.” 정진민·임성호·채진원 외. 『정당정치의 변화, 왜 어디로』. 서울: 형설출판사.

잉글하트, 로널드, 웰젤, 크리스찬. 지은주 역. 2011. 『민주주의는 어떻게 오는가』. 파주: 김영사.

조지형. 2009. 『헌법에 비친 역사』. 서울: 푸른역사.

채진원. “시민정치의 흐름과 네트워크정당모델의 과제.”『민주주의와 인권』 제16권 1호, 6−50쪽.

채진원. 2013. “파벌의 해악과 국회선진화 과제.” 한겨레 칼럼(9.25).

채진원. 2016.『무엇이 우리 정치를 위협하는가』. 서울: 인물과 사상사.

토크빌, 알렉시스 드. 임효선·박지동 역. 1997. 『미국의 민주주의』 Ⅰ·Ⅱ. 서울: 한길사.

Aristoteles. 천병희 역. 2009. 『정치학』. 서울: 숲.

Dalton, Russell j. 2006. *Citizen Politics*. New Jersey: C. H. Publisher.

Downs, Anthony. 1957. *An Economic Theory of Democracy*. New York: Harper and Row.

Duverger, Maurice. 1954. *Political Parties.* London: Methuen Press.

Franklin, M. N., Mackie, T. T. and Valen, H. 1992. *Electoral Change: Responses to Evolving Social and Attitudinal Structures in Western Countries.* Cambridge: Cambridge University Press.

Lijphart, Arend. 1999. *Patterns of Democracy: Government Forms and Performance in Thirty-Six Countries*. New Haven: Yale University Press

Linz, Juan. 1990. “The Perils of Presidentialism.”*Journal of Democracy* 1 (1): 51−69.

Madison, James. 1792a. “Parties,” National Gazette, 23 January 1792, in *The Papers of James Madison*, ed. Robert A. Rutland et al (Charlottesville:

University Press of Virginia, 1983), vol. 14, 197–198.

Madison, James. 1792b. "A Candid State of Parties," National Gazette, 22 September 1792, in *The Papers of James Madison*, ed. Robert A. Rutland et al (Charlottesville: University Press of Virginia, 1983), vol. 14, 371.

Mainwaring Scott. 1993. "Presidentialism, Multipartism, and Democracy: The Difficult Combination" *Comparative Political Studies*, vol 26. no. 2: 198–228.

Neustadt, Richard E. 1990. *Presidential Power and the Modern Presidents.* N.Y.: The Free Press.

Offe, Claus. 1984. "Contractions of the Welfare State." in J. Keane (ed.). *Contractions of the Welfare State*. London: Hutchinson Co. Ltd.

Riker, William H. 1982. "The Two–Party System and Duverger's Law: An Essay on the History of Political Science, *The American Political Science Review*, Vol. 76, No. 4: 753–766.

Schattschneider, E. E. 1975. *The Semisovereign People: A Realist View of Democracy in America*, Hinsdale IL: The Dryden Press.

Viroli, M. 2003. *For Love of Country: An Essay on Nationalism and Patriotism.* Oxford: Oxford University Press.

5장 공동체 공화주의의 정치철학

한면희(성균관대 초빙교수, 철학박사)

1. 존 레넌의 이매진과 국가

세계인의 사랑을 흠뻑 받고 있는 노래 가운데 하나가 존 레넌John Lennon이 부른 '이매진Imagine'이다. 이 노래는 가수가 암살된 이후 40여 년에 흘렀지만 여전히 애창되고 있는데, 아마도 깊은 여운을 남기는 노랫말을 희망이 담긴 애잔한 감동으로 불렀기 때문일 것이다.

Imagine there's no heaven. It's easy if you try. No hell below us. Above us only sky.

(천국이 없다고 상상해보세요. 당신이 노력한다면, 쉽지요. 발아랜 지옥이

없고, 위에는 오직 하늘이 있지요.)

Imagine all the people living for today. A—ha~Imagine there's no country. It isn't hard to do.

(오늘을 위해 살아가는 모든 사람들을 상상해보세요. 국가가 없다고 상상해보세요. 그러는 게 어렵지 않아요.)

Nothing to kill or die for. And no religion too. Imagine all the people living life in peace.

(죽일 일도, 죽어야 할 일도 없지요. 종교가 없다면 마찬가지죠. 평화롭게 살아가는 모든 사람들을 상상해보세요.)

Yu—huh~You may say I'm a dreamer, but I'm not the only one.

(당신은 나를 몽상가라고 말할지 몰라도, 내가 유일한 사람은 아닐 겁니다.)

I hope someday you'll join us. And the world will be one.

(나는 언젠가 당신도 우리에게 합류하길 희망해요. 그러면 세계는 하나가 될 것입니다.)

Imagine no possessions. I wonder if you can. No need for greed nor hunger. A brotherhood of man.

(어떤 소유도 없다고 상상해보세요. 당신이 그렇게 할 수 있을까요? 욕심 부릴 필요가 없고 굶주림도 없지요. 인류의 형제애만 있겠지요.)

Imagine all the people sharing all the world. Yu—huh~

(모든 사람이 세상을 함께 공유한다고 상상해보세요.)

You may say I'm a dreamer, but I'm not the only one.

(당신은 나를 몽상가라고 말할지 몰라도, 내가 유일한 사람은 아닐 겁니다.)

I hope someday you'll join us and the world will live as one.

(나는 언젠가 당신도 우리에게 합류해서 세상 사람들이 하나가 되어 살아 가길 바랄 겁니다.)

이매진이란 노래는 무정부주의로 불리는 아나키즘Anarchism을 이상으로 그려내고 있다고 말해도 무리는 없을 것이다. 아나키즘은 어떤 형태의 것이든 강제적 권력이 사라질 때 인간의 자유가 만개하고 또 평화가 가득히 깃들 것이라고 본다. 그런데 이매진 역시 역사적으로 강제적 권력을 자행한 종교와 정부, 자본의 소유를 거부하고 있다.

중세 때 그리스도교를 등에 업은 절대적 종교 지도자들은 천국과 지옥의 개념을 임의로 차용하여 일반 민중을 온갖 형태로 겁박하면서 명예는 물론 부와 권력까지 거머쥐었다. 군주나 소수 귀족이 장악한 정치권력은 국가라는 이름 아래 민중 수탈을 일삼았고 빈번히 일어나는 전쟁에 동원하여 남을 죽이거나 죽임을 당하도록 내몰았다. 악덕한 자본가의 노동자 수탈도 마찬가지였다. 아나키즘의 아버지로 불리는 19세기 프랑스의 푸르동P. J. Proudhon은 이렇게 고발하고 있다.

통치를 받는다는 것은 활동할 때마다, 그리고 거래할 때마다 기록되고, 등록되고, 과세되고, 날인되고, 측정되고, 숫자가 매겨지고, 평가되고, 허가되고, 인가되고, 경고를 받고, 금지되고, 선도되고, 교정되고, 처벌받는 것이다. 그것은 공익이라는 구실 아래, 그리고 일반의 이익이라는 이름 아래 기부금 납부를 강요받고, 훈련을 받고, 배상금을 물고, 착취당하고, 독점의 희생자가 되고, 탈취당하고, 쥐어짬을 당하고, 현혹되고, 강탈당하는 것이다. 사소한 저항을 하기만 해도, 불만의 '불'자만 꺼내도 억압당하고, 벌금이 부과되고, 멸시당하고, 괴롭힘을 당하고, 추적되고, 학대를 받고, 구타를 당하고, 무장해제되고, 질식당하고, 투옥되고, 재판을 받고, 유죄판결을 받고, 사형을 당하고, 추방되고, 희생되고, 팔려가고, 배반당하는 것이다. 그리고 결국은 조롱을 당하고, 비웃음을 받고, 모욕을 당하고, 명예를 손상당하게 된다. 이런 것이 정부이고, 정의이며, 도덕이다.[1]

아나키즘은 사회적 위계질서hierarchy가 사라질 때 인간이 자유를 누리고 평화를 도모할 수 있게 되는데, 국가 권력이 위계질서의 최고 정점에 있다고 판단했다. 설혹 정부가 법에 의해 운영된다고 해도, 그런 법은 결국 강자의 손에서 벗어날 수 없다고 여겼다. 1789년의 프랑스 대혁명을 목격한 영국의 고드윈W. Godwin은 이에 아낌없는 갈채를 보내게 되는데, 그는 아나키즘의 창시자답게 법에 대해 다음과 같은 요지의 말을 남겼다. 법이 합리적이라면, 이성적 인간에게 불필요하다. 반면 법이 불합리하다면 인간을 얽어매는 족쇄가 될 것이다. 결국 법에 의거한 정부의 통치는 불필요하다.

같은 맥락에서 러시아에서 활약한 크로프트킨P. A. Kropotkin은 1917년의 공산주의 혁명이 성공을 거둔 상태에서 레닌으로부터 각료로 입각할 것을 제안 받았는데, 일언지하에 거절한 것으로 알려져 있다. 왜냐하면

1 숀 쉬한, 조준상 옮김, 『우리 시대의 아나키즘』(서울: 필맥, 2003), 46-47쪽에서 재인용.

제정러시아의 군주 독재라는 구악舊惡이 물러나더라도, 프롤레타리아 독재를 자임한 공산당의 권력 행사라는 신악新惡이 도래할 것이라고 예측했기 때문이다. 아니나 다를까 그의 사후에 등장한 스탈린은 전형적인 전체주의적 독재를 가장 혹독하고 광범위하게 자행했다.

노래 이매진이 전하고 있듯이 인간 사회에서 계급이나 계층의 형태로 위아래로 구분 짓는 서열화와 이를 뒷받침하는 정치권력이 일체 사라진 사회는 우리가 꿈꿀만한 이상향임이 분명하다. 아나키즘은 자유로운 개인들이 진실한 태도로 상호 존중을 하는 가운데 자신들이 속한 기초 공동체의 공적 사안에 대해 머리를 맞대는 형태로 직접 민주주의를 도모하여 결정과 집행을 실행하고, 기초 공동체를 넘어서는 큰 사태에 대해서는 상호부조가 가능한 연맹을 결성하여 해결할 수 있으므로 강권이 판을 치는 정부가 결코 필요하지 않다고 보았다.

그러나 정말로 이런 이상이 현실에서 구현될 수 있는 지에 대해서는 진지한 성찰이 필요하다. 숙고 끝에 내리게 될 판정은 불가능하다는 것이다. 그렇다면, 어떤 이유로? 존 레넌의 희망을 담은 아나키즘의 이상이 실현되려면, 적어도 두 가지가 가능해야 한다. 하나는 인간이 주로 선하다는 것이고, 다른 하나는 합리적 인간이 중요한 순간마다 누군가의 지혜로운 식견에 전적으로 동의하여 합의에 이르게 된다는 것이다. 과연 그러한가?

우리가 공감할 수 있는 기본전제는 오히려 이것이다. 첫째, 선악양면성 논제로서 현존 인간은 전적으로 선하지도 그렇다고 전적으로 악하지도 않은 양면성을 띤 존재이다. 둘째, 한계성 지혜추구 논제로서 사람은 늘 진리와 참된 지식을 추구하지만, 중대한 사태에 처할 때마다 옳고 참된 견해에 동조하여 지혜로운 판단을 내리게 되는 것은 아니다. 이런 전제가 옳다면, 합리적 법에 근거한 국가가 없을 경우에 그런 공동체의 백성들이 혼란에 빈번히 노출되기 쉬우며, 더 나아가 내부의 흉악한 집단이나 외적의 침입 등으로 굴종과 노예의 삶을 겪게 되는 더 큰 비극을 자초할 수 있다는 점이다. 역사는 인간성의 근본적 변혁이 일어나지 않는 한, 일반 민중의 자유와 평화, 행복의 추구를 위해 이를 지키거나 촉진할 정부와 나라가 필요함을 보여주기도 했다. 종교의 경우에도 성스러운 직책의 지위를 통해 개인으로든 집단으로든 사적인 악용을 행한 종교인 자체에게 문제가 있는 것이지 종교 자체가 교리상의 차별을 허용하고 있지 않은 한, 양심과 정직, 차별금지를 부단히 일깨우는 종교가 없었다면 오히려 세상은 더욱 혼탁해졌을 것이다. 따라서 우리는 현실화 불가능한 이상을 마음속에 그릴 수는 있지만, 이를 실제로 구현하려는 허망한 일에 집착할 것은 아니다. 오히려 현실화 가능한 이상을 사회적으로 실현하는 데 먼저 주력해야 한다.

우리가 몸담고 있는 정치는 과거나 지금이나 진흙탕이다. 그러나 우리가 어찌 사회가 실현해야 할 바람직한 이상을 포기할 수 있겠는가? 이 민족의 개혁적 정치인이었던 정도전은 고려 말의 참담한 현실을 쇄신하기 위해 정치에 뛰어들면서 외치기를 비록 발을 진흙탕에 담갔다고 하더라도 자신이 가리키는 손가락은 하늘의 태양이어야 한다고 했다. 드라마 속 대사로 표출된 것이지만, 어둠에서 빛의 세상으로 나가자는 일갈이다. 우리가 비록 무지한 사심에 사로잡히기 일쑤라도 양심이 요구하는 바에 따라 선한 지혜의 길로 나아가기를 부단히 노력해야 한다. 실제로 역사가 민주화의 성취 방향으로 도도히 전진했음은 이를 뒷받침하는 데 부족하지 않을 것이다.

2. 자유와 국가, 공화주의

아나키즘은 정부가 인간의 자유 구현에 절대적인 저해 요인이라고 보았다. 그러나 자유를 위해 오히려 국가가 요청된다는 견해가 이미 오랜 전부터 제기된 바 있다. 일각에서 이를 대변한 토마스 홉스Thomas Hobbes는 1651년에 출간한 저서『리바이어던*Leviathan*』에서 인간이란 존재가 본래 이기적이어서 제한된 자원을 향해 끊임없이 타인과 경쟁하여 권력과 부, 명예까지 차지하려 달려들지만 타인도 마찬가지여서 만인의 만인에 대한 투쟁이 전개되어 사회적 무질서가 극한에 달하게 되는데, 결국 자신의 생명과 자유를 안전하게 지키는 유일한 길로써 국가라는 절대 권력에게 권한을 위임해야 하는 사회계약이 필연이라고 주장했다. 각 개인은 국가로 인해 자유의 행사에 일정하게 구속받고 또 통제되는 상황에 놓이게 되지만, 더욱 악화된 상태로 내몰리지 않는 가운데 목숨을 안전하게 지키고 또 법의 보호 속에서 자유롭게 스스로에게 이로운 재화를 취득하는 삶을 누릴 수 있게 된다고 보았다. 아나키즘이 인간의 선함을 전제하는 가운데 정부 없는 자유지상적인 사회를 희구한 반면, 홉스는 인간의 사악함에 비추어 국가의 보호 속에 놓인 제한적 자유 사회를 추구한 것이다.

국가와 자유를 바라보는 다른 시각은 없는가? 두 대조적 입장 사이에 다양한 사조가 펼쳐졌다. 자유주의Liberalism를 등에 업은 자본주의와 마르크스적 평등주의 사조가 등장하여 20세기 현실 속에서 이데올로기의 대립으로 첨예하게 각을 세웠다가 지금은 거의 후자의 종언으로 종결되는 국면이다. 구시대의 이데올로기 대립이 종식될 즈음인 20세기 후반에 접어들면서 자유주의와 공동체주의Communitarianism의 논쟁이 학계에서 치열하게 전개된 데 힘입어 새로운 정치적 사조로서 공화주의Republicanism가 대두하기 시작했다.

현대 공화주의의 깃발을 높이 치켜든 사람의 하나는 영국 캠브리지대의 퀜틴 스키너Quentin Skinner다. 그는 오늘날의 자유주의가 만족스럽지 못하다고 판단하여 서양의 고대로 눈길을 돌리면서 옛 전통을 두 가지 유형으로 분별한 해링턴J. Harrington에게 주목하게 된다. 해링턴은 신이 이스라엘 민족을 먼저 선택하여 언약을 통해 평등한 가운데 자유와 평화의 메시지를 제시하고, 뒤이어 그리스 아테네 등에서 민주주의가 발현되며, 로마에서는 공화정이 출현하게 되는 '고대의 분별' 전통이 있었음을 첫 번째로 상기시켰다. 그는 카이사르J. Caesar의 등장으로 로마 공화정이 전복되어 황제가 등극하는 군주정이 활개를 치게 되고, 이런 흐름이 중세를 거쳐 근대에까지 이르게 되어 평화는 쉽게 깨지고 시민의 자유는 빈번히 유린되는 '근대의 분별' 전통을 두 번째로 거론하였다.[2]

해링턴은 결국 국가의 좋은 특징을 드러낸 고대 전통이 그 이후 등장한 국가의 나쁜 특징으로 대체된 것은 비운이었다고 보았다. 그는 국가의 나쁜 전통을 잇는 근대의 대표적 사상가로 토마스 홉스를 거론했다. 이에 반해 국가의 좋은 전통을 회복시키려고 시도한 대표적 사상가로 르네상스 시대의 마키아벨리N. Machiavelli를 꼽았다.

해링턴과 동일 선상에서 정치사상을 조망하는 스키너는 현대 자유주

2 Quentin Skinner, "Machiavelli on the maintenance of liberty," *Politics* 18, 1983, 3쪽.

의가 홉스가 끼친 부정적 영향에서 벗어나지 못하고 있음은 심히 우려가 된다고 여겼다. 홉스는 개인의 자유란 각자가 하고자 하는 바를 행할 때 방해를 받지 않는 것이라고 가장 먼저 또렷하게 명시한 바 있다. 현대 자유주의 역시 자유란 간섭interference을 받지 않으면서 뜻하거나 목표한 바를 성취하는 것으로 정의하고 있다. 홉스는 또한 인간에게 불가피한 것으로서 본성적 이기심을 갖고 있으므로 개인의 이기적 행동이 도덕적으로도 옳다는 윤리적 이기주의를 내세웠다. 문제는 현대 자유주의 역시 이기심을 기본 바탕으로 삼아 전개되는 측면이 강하다는 점이다.

20세기 최고의 자유주의 사상가이자 정의론의 주창자로 존 롤스John Rawls를 꼽아도 무리는 없을 것이다. 그는 1971년에 출간한 저서 『사회정의론*A Theory of Justice*』에서 홉스를 언급하고 있다.

> 사람들은 누군가가 자신의 본분을 다하지 않으리라고 의심할 수 있으며, 따라서 그들도 자신의 본분을 행하지 않으려는 유혹을 받을 수가 있다. 이러한 유혹이 널리 의식되면 결국에는 체제가 붕괴되는 원인이 될 수도 있다. … 공공적인 처벌 체제를 시행함으로써 정부는 타인들이 법규에 따르지 않으리라고 생각할 근거를 제거하게 된다. 이러한 이유만으로도 비록 질서 정연한 사회에서 형벌제가 가혹하거나 지나칠 필요는 결코 없을지라도 강제력을 가진 통치권은 언제나 필요할 것이다. 나아가서 효과적인 형벌 제도가 있다는 것은 사람들의 상호 안전에도 도움이 된다. 이러한 명제와 그에 대한 추론은 바로 홉스의 논제라고 생각할 수 있다.[3]

롤스는 홉스의 논제를 의식하면서 원초적 입장에서 사회계약을 새롭게 맺는 가상의 장을 설정하되, 무지의 베일veil of ignorance을 쓰고 중립적 관점에서 체결하는 방도를 취함으로써 정의로운 제도를 만들 수 있다고 보았으며, 이에 따라 정의의 두 원칙을 제시하게 된다. "첫째, 모든 사람은 다른 사람들의 유사한 자유와 양립할 수 있는 가장 광범위한 기본적 자유에 대하여 동등한 권리를 가져야 한다." 그리고 사회적·경제적 "불평등이 모든 사람에게 이익이 되리라는 것이 합당하게 기대"되므로, 둘째 "사회적·경제적 불평등은 다음과 같은 두 조건을 만족시키도록 편성되어야 한다. ⓐ 최소 수혜자에게 최대의 이익이 되고, ⓑ 공정한 기회 균등의 원칙 아래 모든 이에게 개방된 직책과 직위에 결부되어야 한다."[4]

롤스의 정의관에는 홉스가 언급한 자기이익 추구의 성향이 기본으로 녹아 있다. 그가 무지의 베일을 쓰자고 한 연유는 누구나 자신의 사회적 출신 성분이나 지위, 능력을 모르는 상태에서, 한편으로 합리적인 기대에 따라 기본적인 자유의 권리를 타인과 동등하게 누리고 사회경제적인 불평등 조건에서 나름의 이익을 도모하며, 다른 한편으로 사회적 약자일 수도 있으므로 불이익을 최소로 받는 데 동의하는 계산적 판단을 할 것이라고 추정하였기 때문이다.

물론 롤스의 정의관은 칸트I. Kant의 의무론을 좇아 정부로 하여금 적극적 역할을 할 수 있는 길을 제시하고 자유주의 안에서도 복지국가에 이

3 존 롤즈, 황경식 옮김, 『사회정의론』(서울: 서광사, 1985), 256–57쪽.

4 위의 책, 81–82, 103쪽.

를 수 있음을 보여주었으며, 이로써 자유주의의 우파인 자유지상주의나 신자유주의와는 대조적인 노선에 위치하게 되었다. 그럼에도 불구하고 공화주의자 스키너가 롤스의 정의론에 불만을 가진 이유는 그의 착상이 홉스와 궤를 같이 한다는 데 있다. 이에 스키너는 그 대안을 해링턴이 제시한 고대의 분별 전통에서 찾으면서 이를 대변한 마키아벨리에 주목하고 있다. 마키아벨리는 16세기 초에 쓴 『로마사 논고』에서 이렇게 언급하고 있다.

> 먼저 로마의 편을 들어 이유를 검토해본다면, 어떤 사물이든 그것을 차지하려는 마음이 가장 적은 자에게 맡겨야 한다고 말하고 싶기도 하다. 그리고 의심의 여지없이 귀족과 귀족 아닌 자들의 목적을 검토해보면, 전자에게는 지배하려고 하는 강한 갈망이 있고, 후자에게는 단지 지배당하지 않으려는 갈망, 다시 말해 귀족들보다 지배권을 장악할 전망이 적기 때문에 자유 속에서 살고자 하는 강한 열망이 있다는 점을 발견하게 될 것이다.[5]

마키아벨리에 따르면, 압도적 다수의 시민은 개인적으로 자유로운 삶의 영위를 근본적 욕구로 갖고 있는 데 반해, 소수만이 타인을 지배하려는 사적 욕망을 갖고 권력을 거머쥘 때 만족스럽게 여긴다고 판단했다. 다수 민중은 "단지 지배받지 않기를 원하며" 불안하지 않게 불필요한 간섭

5 마키아벨리, 강정인·안선재 옮김, 『로마사 논고』(파주: 한길사, 2003), 89쪽.

을 받지 않으면서 가능한 한 자신들이 목표한 바를 추구하는 자유로운 사람으로 살아갈 수 있기를 원할 뿐이다. 특히 자신이 선택하는 대로 자유롭게 결혼하고, 각자가 성취한 명예와 복지, 자산에 대한 침해 불안에 놓이지 않으면서 가족을 부양하기를 원한다. 이렇게 "개인적 자유personal liberty를 향유"하기를 원한다. 그러나 각인이 누릴 고유한 삶의 양식을 보장해 줄 자유에 의한 사회제도가 존재하지 않는다면, 예컨대 내부의 독재자가 발호하거나 또는 외부의 침략자로부터 민중의 자유를 지켜줄 정부가 없다면, 개인적 자유의 꿈은 물거품이 될 것이다. 모든 사람이 공동체의 품 안에서 자신의 재능을 발현하려는 의지를 가지려고 할 경우에만 공동선이나 공익public interest이 지켜질 수 있고, 그리고 그것이 보호될 때 각 시민의 개인적 이익도 그 다음으로 안전하게 추구될 수 있다.[6]

스키너가 마키아벨리를 통해 제기하는 바는 인간의 이기심을 출발의 일반적 상수常數로 삼아 자유를 조망할 필요가 없다는 것이 하나고, 다른 하나로는 자유가 실현되기 위해서 개인적 차원의 간섭 부재에 머무를 것이 아니라 자유를 보장할 사회제도로까지 나아갈 수 있어야 한다는 것이다.

공화주의가 말하는 자유 개념을 제대로 이해하기 위해서는 자유에 대한 더 깊은 이해가 필요하다. 이럴 때 자유주의 계열의 학자 이사야 벌린 Isaiah Berlin의 논의가 요청된다. 그는 자유의 개념을 두 가지, 즉 소극적 자유negative liberty와 적극적 자유positive liberty로 분별한 바 있다. 그에

6 Quentin Skinner, "Machiavelli on the maintenance of liberty," 4쪽.

따르면 소극적 자유는 "단지 한 인간이 타인에 의해 방해 받지 않고 행동할 수 있는 영역"에 놓이는 반면, "'자유'라는 단어의 '적극적' 의미는 개인의 입장에서 스스로 자기의 주인이 되고자 하는 염원으로부터 나온다."[7]

예컨대 "나는 누군가로부터 얼마나 간섭을 받고 있는가?"라고 자문할 때, 거의 간섭 받지 않는 삶을 살고 있다고 답변할 수 있을 경우 나는 소극적으로 자유롭다고 할 수 있다. 이에 반해 "누가 나를 통제하는가?"라고 물었을 때, 내가 나를 통제할 뿐이라고 말할 수 있을 경우에 나는 적극적으로 자유롭다고 할 것이다.[8] 여기서 국민 누구나 정신적으로는 물론 물질적으로도 자기 통제의 삶을 자유롭게 누릴 수 있을 정도가 되려면. 국가 역시 적극적으로 사회적 상황을 조성해야 하는데, 이런 경우는 자칫 전체주의에서 보듯이 허다한 무리수를 두게 되리라는 점이다. 인간이 스스로 자율적 인간으로 완성되고자 하는 열망, 지나칠 수밖에 없는 과신도 문제가 될 수 있다. 자칫 나폴레옹이나 히틀러와 같은 초인超人이 출현하고, 이에 사회가 열광할 소지도 있다. 일부 자유주의자들에게서는 적극적 자유의 지평이 독재의 가면일 수 있다고 우려하는 목소리가 나오기도 한다. 그래서 벌린은 자유주의가 적극적 자유를 거부하면서 소극적 자유의 지평에 머물러 있어야 한다고 보았다.

현대 공화주의의 주창자들 역시 자유주의자와 마찬가지로 적극적 자

7 Isaiah Berlin, "Two Concepts of Liberty," in *Four Essays on Liberty* (New York: Oxford University Press, 1969), 122, 131쪽.

8 C. Kukathas, "Liberty," R. E. Goodin et al., (ed.), *A Companion to Contemporary Political Philosophy* (Maiden, MA: Blackwell, 1995), 534쪽.

유 개념의 도입에 거부감을 보이므로 얼핏 소극적 자유의 지평에 놓여 있다고 보인다. 다만 스키너에게서 확인하듯이 자유를 간섭의 부재 상태로만 보지 않고 간섭할 수 없는 조건을 법 제도로 조성하려고 한다는 점이다. 강자의 우연적 선의에 기대하여 간섭이 없도록 하는 것이 아니라 어떤 개인이든 간섭할 수 있는 권력을 자의로 갖지 못하게 하자는 것이다. 이런 와중에 현대 공화주의의 또 다른 주창자인 필립 페팃Philip Pettit은 아예 제3의 자유 개념을 언급하는 것이 가능하다고 제기하였다. 자유주의가 (소극적) 자유를 불간섭 자유로 정의하는 것과 다르게 비지배적 자유가 온전한 자유이며, 그 연원은 마키아벨리와 로마 공화정에서 찾을 수 있다고 주장하고 나선 것이다.

과연 간섭(또는 방해)을 받지 않는 것만으로 제대로 된 자유를 누릴 수 있을까? 간섭 없이 지배domination를 당하는 경우가 얼마든지 가능한데, 이런 상황에서 일반 민중은 자유롭다고 느끼지 않을 것이다. 예컨대 내가 한 인자한 주인의 종이라고 하자. 나는 무척 너그러운 마음씨를 가진 주인을 두었기 때문에 또는 내가 주인의 마음에 항상 들 정도로 매우 부지런히 요령 있게 행동하거나, 또는 주인의 비위를 기가 막히게 잘 맞출 정도로 아첨에 능수능란하기 때문에 일체의 간섭을 받지 않을 수 있다. 과연 나는 간섭받지 않기 때문에 자유롭다고 할 수 있는가? 불간섭의 부재를 자유의 개념으로 보는 자유주의는 그렇다고 말해야 하겠지만, 주인을 둔 나는 결코 자유로울 수 없다. 상황의 변화에 따라 착한 주인도 종인 나에게 중대한 간섭을 실행하는 것으로 바뀔 수 있기 때문이다.

누군가가 지속적 자유 상태에 있다고 말하려면, 그가 간섭이나 방해를 받고 있지 않음을 짚어주는 것만으로는 불충분하다. 누구나 자유를 누리도록 하려면 그가 지배 없는 상태 또 달리 억압을 받지 않는 상태에 놓여 있어야 한다. 이에 페팃은 소극적인 불간섭 자유도 아니고 적극적 자유도 아니지만, 제3의 가능성으로 비지배적 자유가 있다고 주장한다.[9] 따라서 공화주의는 어느 누구도 지배할 수 있는 제도적 위치에 있지 않도록 해야 모두가 자유를 누릴 수 있다고 본다. 이렇게 보면, 비지배적 자유를 누리는 것이 불간섭 자유의 향유와 결정적으로 다른 점은 어느 누구도 군림할 수 있는 권력을 갖고 있지 못하도록 하는 데 있다. 물론 고대 로마의 공화정 때 그렇게 했으므로, 이를 좇아 법에는 복종하되 어느 누구인들 사람에게는 결코 복종하지 않도록 하자는 것이다. 페팃은 스키너를 좇아 공화주의야말로 자유의 온전한 산실이라고 말하고 있다. 자유의 구현은 자유주의가 아니라 공화주의가 제대로 구현할 수 있다고 자임하는 것이다.

3. 신로마 공화주의의 특성과 난관

스키너와 페팃 등이 현대사회에 공화주의를 다시 부흥토록 견인했는데, 핵심적 연결고리가 마키아벨리다. 왜 마키아벨리는 그렇게까지 고대 로마 공화정에 주목하게 된 것일까? 고대 로마에서 활약했던 고전적 공화주의자로 적어도 셋은 꼽을 수 있는데, 그들 각각은 정치적 자유에 대해 주목할 만한 발언을 내놓은 바 있다.

---

9 필립 페팃, 곽준혁 옮김, 『신공화주의』(파주: 나남, 2012), 73-74쪽.

첫 번째로 리비우스Livy는 이전의 왕을 내쫓은 이후 로마인들이 자유를 되찾게 됨으로써 깨달은 바는 자유가 다른 어느 무엇보다도 법을 사람보다 강하게 만든다는 것이라고 했다. 두 번째로 살루스트Sallust는 로마인들이 자유를 누릴 수 있게 됨은 자신들의 법 이외에는 어떤 사람에게도 절대로 복종하지 않으려 했기 때문이라고 보았다. 세 번째로 키케로Cicero는 "우리 모두는 자유롭기 위해 법에 복종한다."고 외쳤는데, 이 연설은 오늘날에도 많은 정치 사상가들에 의해 빈번하게 인용되는 바로 그 문구이다.[10]

마키아벨리는 고대 로마에서 있었던 키케로 등의 공화주의에 주목하여 자유는 복종할 주인이 없는 곳에서 자라고 이를 보호할 국가의 법에 의해 육성된다고 판단했다. 고대 로마와 근대 초기 이탈리아 반도에서 있었던 피렌체 등의 도시 공화국의 존재에 힘입어 20세기 말에 현대 공화주의가 부흥케 되었는데, 이를 추동한 사람은 대표적으로 스키너와 페팃 등이다.

스키너는 자유가 자유주의자의 그것처럼 간섭받지 않음을 추구하는 것만으로는 문제가 있다고 지적했는데, 이는 법과 무관하게 작동되는 자유가 절름발이임을 밝힌 것이다. 페팃은 같은 맥락에서 보다 선명하게 자유가 간섭의 부재보다는 지배(또는 억압)가 없는 상태인데, 이는 자유주의에서가 아니라 공화주의에서 찾을 수 있다고 보았다. 또 다른 현대 공화주의자의 하나인 모리치오 비롤리Maurizio Viroli는 고대 로마에 대한 연구

10 모리치오 비롤리, 김경희·김동규 옮김, 『공화주의』(고양: 인간사랑, 2006), 109-110쪽.

를 통해 당시 공화주의 사상가들이 억압이 없는 자유를 추구했지만, 실제로 간섭의 부재를 명시적으로 거론한 적이 없음을 제기하였다. 그는 공화주의의 자유를 법적 지원에서 찾을 수 있게 되는데, 이때 법에 의한 간섭이나 제한은 자유의 족쇄라기보다 오히려 자동차의 브레이크처럼 자유의 핵심 구성요소라고 여겼다.[11]

로마 공화정에 초점을 맞춘 공화주의는 자유에 뒤이어 이를 뒷받침하는 법과 사회적 조건으로 관심을 옮기지 않을 수 없다. 페팃은 시민이면 누구나 법이 제공하는 자유를 함께 누릴 수 있어야 하므로 구조적으로 평등하다고 보았다. 물론 구조적 평등주의가 물질적 평등을 함축하지는 않는다. 공화주의는 사람에 의한 어떤 형태의 지배도 거부하는 법을 제도적 이상으로 담게 되는데, 법 자체는 근본정신을 규범norm에 의존할 수밖에 없다. 이때 공화국 시민은 비지배적 자유의 이상에 공감하고, 이를 끊임없이 유지하기 위해 시민으로서 상응하는 덕성을 갖추어야 하며, 국가는 그런 시민들이 원하는 공익 또는 공동선을 추구해야 한다. 이런 맥락에서 비지배적 자유는 기초적 선이다.

비지배적 자유는 한편으로 타인의 부재가 아니라 지배를 행사하려는 타인의 능력에 대한 견제에 의해서 발생한다는 점에서 사회적 선이다. 비지배적 자유는 다른 한편으로 문화적 풍습이 여성이나 카스트제도의 하층민, 백인 아닌 유색인종 등에게도 성과 계급, 피부색으로 차별 받지 않도록 정치적으로 간섭에 취약한 지표를 감소시킬 수 있게 법적인 제도적

---

11 위의 책, 108쪽.

장치를 요구하므로 공동체주의적 선이기도 하다.[12]

공화주의자, 특히 마키아벨리는 귀족 아닌 일반 시민이라고 해도 인간으로서 언제든 부패하거나 타락할 수 있다고 보았다. 초기에 우여곡절을 겪으면서 로마는 귀족과 시민이 원로원과 집정관, 호민관이라는 제도를 통해 상호견제와 균형을 이룸으로써 공화국을 유지하면서 제국으로 비상하고 있었다. 과도기적이지만 한때 시민의 힘이 세진 기회를 맞게 되자 시민으로만 구성된 10인회를 출범시키면서 집정관과 호민관 제도를 폐지하기에 이르렀는데, 당시 10인회가 참주로 변모되면서 권력의 남용으로 치달은 사례가 있었다. 후일 살루스트가 카이사르에 빗대어 "악행의 모든 사례는 본래 선한 출발을 가지고 있다"는 격언을 남기게 되는데, 10인회 사건에 딱 들어맞는 말이라고 할 수 있다.[13] 그래서 공화주의는 좋은 평가를 받는 행위에 대해서는 상을 주고 반대로 나쁜 평가를 받는 행위에 대해서는 벌을 주는 법 제도를 채택하는 것이 온당하고, 무엇보다도 후세의 본을 위해 좋은 행위를 미덕으로 칭송하는 긍정적 이미지를 심어줄 필요가 있다고 여겼다.

공화주의는 다른 정치적 사조와 차이를 두는 방식으로 애국을 중시하고 있다. 그것은 민족의 단일성이나 일체성에 정치적 가치를 인정하는 종족적 민족주의와 달리 시민적 연대와 일체성에 정치적 가치를 부여한다. 공화주의는 문화 및 역사와 무관하게 중립적인 정치원리에 충실하고자 하

12 필립 페팃, 앞의 책, 241–46쪽.

13 마키아벨리, 『로마사 논고』, 215쪽.

는 시민적 국민주의와 달리 자신의 역사와 문화를 가진 특정 공화국, 즉 비지배적 자유를 법으로 정한 공화국에 대해 충성하는 애국심을 갖는다고 본다. 비롤리는 사적 이익을 추구하기 마련인 개인이 공동선을 추구하도록 추동하려면, 또는 이성적 지지를 끌어낼 뿐인 보편적 원리에의 호소 단계를 넘어서려면, 지배 없는 공화국에 대한 애국이 고양되도록 해야 한다고 역설한다.[14]

현대 공화주의는 스키너와 페팃, 비롤리 등이 한 줄기로 물꼬를 내고 있는 형세인데, 주로 마키아벨리의 거울을 통해 로마 공화정의 역사적 이해에 바탕을 두고 있다. 이런 흐름은 공화주의의 주요 흐름인 까닭에 그것을 일러 신로마 공화주의Neo-Roman Republicanism라 말하곤 한다. 또는 그것이 비지배적 자유를 최고의 규범으로 상정하기 때문에 자유주의적 공화주의로 불리기도 한다. 신로마 공화주의의 특성을 위와 같이 살펴본 상태에서 그것이 직면한 난관도 파악할 필요가 있다. 필자는 정치철학의 관점에서 다섯 가지, 이 절에서는 네 가지를 언급하고자 한다.

첫째, 신로마 공화주의는 비지배적 자유의 개념을 현대 공화주의란 사조의 출발점으로 삼는 까닭에 아무리 강조한들 자유주의와 쉽게 구분되지 않는다는 난관에 봉착한다는 점이다. 자유주의는 간섭 없는 자유의 개념을 통해 자유 사회를 구현한다고 해도 국가의 법과 제도를 통해 이를 이루고자 한다. 그렇다면 신로마 공화주의와 자유주의 모두 자유 사회를 구현하고자 법질서와 헌법을 갖춘 국가, 그리고 권력분립을 기본 토대로

14 모리치오 비롤리, 앞의 책, 185쪽.

갖추고 있다. 신로마 공화주의가 비지배적 자유에만 집착하는 한 자유주의와 다르다고 하더라도 그 차이는 대중에게 뚜렷하게 드러나지 않을 뿐이다. 양자 간에 차이가 있다면, 정치권력을 억제하거나 분산하는 방식에 따라 나타날 터이다. 스키너나 페팃과 같은 공화주의자는 시민의 공적인 참여를 증진시키는 법적 장치를 통해 권력의 남용을 억제하는 방도를 취한다는 점에서 시장과 같은 사회적 장치를 통해 권력의 억제를 기하고자 하는 자유주의와 다름을 드러낼 수 있다. 그러나 과연 "권력의 정치적 분산이 사회적 분산보다 낫다고 볼 수 없다"는 일각의 비판[15]에 효과적으로 응수할 수 있는 지는 의문이다.

세상만사가 법과 제도로만 순조롭게 풀릴 수는 없는데, 신로마 공화주의가 비지배적 자유에 최대의 주안점을 둠으로써 이런 함정에 빠지게 된다고 보인다. 공화주의가 이런 함정에 함몰되지 않으려면 그것은 비지배적 자유 이외에 그것만큼이나 중요한 가치를 함께 갖추어야 한다. 그럴 때 공화주의는 자유주의나 민주주의와 손을 잡으면서도 그런 사조와 본질적으로 다른 자기 정체성을 드러내는 데 성공을 거둘 수 있을 것이다.

둘째, 한민족은 20세기 초인 1919년 3·1운동의 정신에 의거하여 발족한 상해 임시정부가 공화제를 천명하기 이전까지 공화국을 가져본 적이 없고 이를 이해한 적도 없었으므로 무척 낯선 (신)로마 공화주의를 우리가 수용하고자 할 경우, 자칫 우리 고유의 유구한 역사와 문화, 전통을 외면하거나 폄훼할 수 있다는 점이다. 다시 말해서 군주와 무인, 양반의 지

15 C. Kukathas, "Liberty," 544쪽.

배 속에 놓인 우리의 과거 역사는 비지배 상태에 놓이지 않았던 연유로 쉽게 부정될 수 있다는 점이다. 비록 우리가 현대로 접어들면서 공화제를 받아들인다고 해서 우리 공동체가 지난 시기에 갖추었던 찬란한 역사와 문화, 애향심마저 간단히 무시할 수 있겠는가? 그럴 수는 없는 노릇이다. 일제 치하에서 독립운동을 펼친 연해주의 최재형 사례는 그 점을 잘 말해준다고 본다.

최재형은 함경북도서 태어나 9세 때 부모와 함께 두만강 위 연해주 하산으로 이주하여 러시아학교를 다녔고, 그 계기로 러시아 상선의 선원으로 세계를 다니면서 돈을 모으고 견문을 넓혔으며, 러시아군대의 통역과 서기로 맹활약을 하면서 훈장을 수차례 받고 황제까지 알현하는 영예를 누리기도 했다. 특히 러시아 군납업체를 운영하면서 한인으로는 가장 많은 부를 쌓았다. 그러던 중 러일전쟁과 을사늑약 이후 독립운동에 뜻을 두고 1908년에 이범윤과 이위종, 안중근 등과 함께 연추(오늘날의 크라스키노)에서 의병단체 동의회를 만들어 총장 직위를 맡았는데, 이때 안중근은 1909년에 12명의 열혈단원을 규합하여 동의단지회를 결성하였으며 곧바로 하얼빈에서 조선 침략의 원흉 이토 히로부미를 저격하는 거사를 단행하였다. 그 이후 최재형은 1911년에 블라디보스토크에 본부를 둔 권업회를 창설하여 회장을 맡으면서 부회장인 홍범도장군과 함께 독립군 양성과 정부 수립에 착수하였고, 1919년에는 상해 임시정부 초대 재무총장을 맡았으나 이내 사임하고 연해주로 돌아와 신한촌에 본부를 둔 독립단을 조직하여 무장투쟁을 전개하다가 1920년에 일본군에 붙잡혀 순국하게 된다.

그런데 여기서 주목해야 할 점은 최재형이 노비와 기생인 부모를 둔 최하층 계급의 신분으로 조국이 아닌 러시아에서 큰 부와 명예까지 얻은 지위에 있으면서 모든 것을 희생하는 독립운동을 전개한 것인데, 비지배적 자유를 중시하는 공화주의가 피지배자였던 그의 애국심을 평가하기가 무척 곤혹스럽다는 점이다. 최재형을 지극히 예외적인 인물로 처리하는 것으로 될까? 역사는 우리 민족이 국란에 처하게 되었을 때 최재형과 같은 부류의 인물들이 적지 않게 출현했음을 보여주고 있다. 나라가 위기에 처할 때마다 의병에 합류한 다수가 피지배자인 일반 백성이었다는 점을 상기할 필요가 있다. 애국심이 지배가 없는 이상적인 국가에서나 나타나는 것은 아니라는 점이고, 오히려 역사와 문화, 삶의 연고를 맺게 된 공동체(민족 등)로 수렴한다고 보는 것이 온당할 것이다. 이것은 공화주의가 우리 민족에게 의미 있는 것으로 수용되기 위해서는 비지배적 자유와 더불어 그것 이외의 가치, 즉 목숨까지 바칠 수 있는 숭고한 공동체적 가치를 핵심 규범의 하나로 포함할 수 있어야 함을 뜻한다.

셋째, 신로마 공화주의는 마키아벨리를 통해 로마 공화정에 애착을 갖게 되었지만, 그로 인해 조성된 역설을 해소해야 하는 곤경에 처하게 되었다. 마키아벨리는 『로마사 논고』에서 자유를 누리고 있는 "자기 조국의 안전이 걸린 문제일 때, 정당한가 정당하지 않은가, 자비로운가 잔혹한가, 칭찬을 받을 가치가 있는가 치욕스러운가는 전적으로 고려할 필요가 없다."고 하면서 이런 행위에 양심의 가책을 결코 받을 필요가 없다고 보았다.[16] 그는 또한 악명 높은 것으로 알려진 『군주론』에서 "인간은 악하기 때문에

16 마키아벨리, 『로마사 논고』, 563쪽.

자신의 이익을 취할 기회가 생기면 언제나 그 감사의 상호관계를 팽개쳐버린다."고 하면서, 군주가 백성에게 가할 "두려움은 항상 효과적인 처벌에 대한 공포로써 유지되며, 실패하는 경우가 결코 없다."고 전하였고, 더 나아가 "군주는 자신의 군대를 통솔하고 많은 병력을 지휘할 때, 잔인하다는 평판쯤은 개의치 말아야 한다."고 언급하였다.[17]

마키아벨리는 로마 공화정의 역사적 탐구에 근거하여 시민이 누릴 비지배적 자유가 사악한 자나 외적으로부터 위협을 당하게 될 때 도덕과 양심에 조회할 필요 없이 대처해야 함을 강조한 것이다. 언제든 사태가 악화될 수 있으므로 그 직설에 충분히 귀를 기울일 필요는 있다. 또한 그는 군주가 정치를 잘못하여 나라를 벼랑 끝으로 내몰 수 있으므로 효과적으로 백성을 이끌기 위해 수단과 방법을 가릴 필요 없이 공포 속에서 복종시키는 통치를 행하는 것이 최선이라는 말도 거침없이 뱉어냈는데, 여기에도 일리가 없지는 않다. 인간의 사악한 본성이 어디서든 발동할 수 있으므로 최악으로 내닫지 않게 선제적으로 단호히 대처할 필요는 있다. 그러나 이런 방식의 행태는 다분히 토마스 홉스적이라고 하지 않을 수 없다. 물론 이런 연유로 그가 군주제에서 공화제로 바꿔야 한다고 했지만, 그렇다고 해도 과연 그가 공화국 시민의 미덕을 운운할 만한 자격이 있는지 의구심이 든다.

이에 마키아벨리는 공화주의의 한 조력자일 뿐 그를 이상적 표상으로 보는 것은 적절치 않다고 판단된다. 우리는 우리 역사 속에 숨 쉬는 세종

---

17 마키아벨리, 강정인·김경희 옮김, 『군주론』 (서울: 까치, 2008), 114-15쪽.

대왕의 인자한 통치와 덕장 이순신장군의 통솔, 그리고 바다 건너 제갈공명의 전략적 지혜를 보다 높게 평가하고 싶다. 우리는 공화국을 실현한 고대 로마와 근대 이탈리아의 역사를 무척 소중하게 여겨야 하지만, 또한 공화국을 가져보지 못했다고 하더라도 우리 나름의 빼어난 전통과 사상이 있음도 기억할 필요가 있다고 본다. 21세기 공화주의는 이 둘을 함께 아우를 수 있어야 할 것이다.

넷째, 신로마 공화주의는 공동선을 언급하고 시민의 미덕 함양을 중시한다고 하지만, 그것이 정치적 언사일 뿐 도덕적 지평에 이르지 못함으로써 실제 사회를 참된 변화로 이끌기 어려운 난관에 직면해 있다고 본다. 즉 "전통적 공화주의에 두드러진 특징은 덕에 대한 그 모든 언급을 감안할 때 도덕이론으로 부를 만한 그 어떤 것을 그다지 제시하고 있지 않다는 점이다." 그것이 비지배적 자유를 돕는 정치적 수사의 일환으로 공동선과 덕성을 거론하는 정도에 불과하다면, 외양을 치장하는 정치적 '장광설'에 불과할 수 있다.[18] 물론 고대서 중세에 이르면서 한쪽에 부패한 종교권력이 있고, 다른 쪽에는 교부철학 및 그리스도교 수도회의 도덕적 완벽주의가 있었기에 전통적 공화주의가 양극단을 피하고자 현실 정치의 영역에 머문 것은 납득할 수 있다. 그러나 정치가 현실의 바탕 위에 있다고 하더라도 밝은 미래를 지향하는 것이어야 하고, 공화주의가 이를 꿈꾼다면 권력적 부패도 아니고 도덕적 완벽주의도 아닌 실현 가능한 도덕의 지평

18 Knud Haakonssen, "Republicanism," R. E. Goodin et al., (ed.), *A Companion to Contemporary Political Philosophy* (Maiden, MA: Blackwell, 1995), 571쪽.

을 지향해야 한다. 종교와 윤리가 추동하지 않는 한 인간의 덕성은 발현되기도 어렵고 또 함양될 수 없기 때문이다. 이것은 도덕에 기반을 둔 현대 공동체주의와 현실에 기초한 공화주의가 만나는 지평에서 새롭게 모색될 수 있을 것이다.

4. 공동체주의적 공화주의의 지평

현대 공화주의는 정치철학적 관점에서 크게 두 흐름으로 형성되고 있다. 하나는 신로마 공화주의로서 지배(또는 예속)로부터 벗어날 자유를 중시하는 흐름인데, 자유에 최대 주안점을 둔다는 특성을 띤다. 공화주의에는 이와 다른 흐름도 있다. 그 다른 하나는 공동체주의적 공화주의Communitarian Republicanism라 불린다. 이것은 자유가 제도를 통해 지속적으로 구가되기 위해서는 자기통치self-government가 일정하게나마 가능해야 하고, 이를 위해서 시민의 미덕을 함양하는 가운데 공동체가 지향하는 참된 가치, 즉 공동선common good을 구현해야 한다고 주장한다.

개인의 자유가 중시되어야 하지만, 이것만으로는 이기심이 이끄는 곳으로 미끄럼을 타는 것이 역사적 사례여서 사회적 계층화와 경제적 불평등이 심화되어 양극화로 치닫게 되고, 결국 일반 민중에게는 평등이 형식만 남게 되며, 공정한 자유의 지평은 유실되기에 이른다. 자유주의의 우파인 자유지상주의Libertarianism가 전형적으로 이런 길을 재촉하거나 고수하고 있다.

자유지상주의적 자유주의는 자유를 지키기 위해 국가를 필요로 한다는 점에서 자유지상적 아나키즘과 범주를 달리 하지만, 정부의 역할을 치안 유지와 개인의 자유 보호에 국한하면서 공정한 절차에 따른 소유권을 정당화는 데 주안점을 둔다. 자유주의 사상은 그 기초를 놓은 존 로크John Locke 이래 자유와 생명, 사유재산에 대한 권한을 타인으로부터 침해당하지 않을 성격의 권리rights, 그것도 하늘로부터 받은 천부적 권리(또는 자유권적 기본권)로 규정하고 있다. 자유지상주의는 이것과 더불어 정부의 경제적 역할에 대해 보이지 않는 손이 작동하는 시장에 일체 간섭하지 않아야 하고, 꼭 해야 한다면 경제공황의 도래를 막기 위해 통화를 조절하는 정도로 그쳐야 한다고 본다. 그것이 자유를 온전히 존중하는 것이라고 여기기 때문이다. 정치철학자 로버트 노직Robert Nozick이나 노벨경제학상 수상자인 하이예크F. A. Hayek와 프리드먼M. Friedman 등이 이를 대변하고 있는데, 가난한 사람들에게 혜택을 주겠다고 정부가 복지정책을 계획하여 부자에게 보다 많은 세금을 물리는 것은 개인의 자유권에 대한 침해라고 강력히 주장한다.

자유지상주의는 각 사람이 타고난 능력이나 어떤 부모를 만날지 등의 우연적 요인에 의해 각자의 자유로운 삶이 불공정하게 펼쳐짐을 고려하지 않을뿐더러 불운하거나 가난한 자의 처지를 제도적으로도 외면한다는 점에서 도덕적으로 몰인정하다고 하지 않을 수 없다. 다만 부도덕성을 의식해서인지 부자의 자선을 주문하고 있는데, 이것도 반가운 일이기는 하다. 그러나 더 전향적일 수 없을까? 왜냐하면 자선 일변도의 경우, 가난한 자에게 이를 시혜로 받아들이게 함으로써 굴욕과 수치심을 안겨주고, 사회적 존재감까지도 박탈하기 때문이다.

보수적 자유주의가 갖는 이런 취약성 때문에 존 롤스는 무지의 베일

착상에 따른 사회계약을 통해 평등 지향의 자유주의를 추구하였다. 자유주의 범주 안에서나마 왼쪽으로 이동한 것이다. 미국에서는 케인스의 수정자본주의와 롤스의 정의론에 힘입어 민주당이 전향적 복지정책을 추진할 수 있었다. 여기에 사회(민주)주의의 정신이 다소 보태질 경우에는 사회적 약자도 자유권적 기본권은 물론이거니와 기본식량과 기초교육, 의료제도는 물론 보편적 복지에 대한 사회적 기본권도 갖고 있으니 자신의 입장에서 당당하게 내놓으라고 말할 수 있게 된다. 사회적 합의에 따른 법적 권리로서 이를 알맞은 정도로 명시하여 보장하는 것은 필요하다. 다만 그것이 과도하여 매사를 개인의 권리 사안으로만 이끌어가는 데는 문제가 적지 않을 것이라고 본다.

롤스의 견해가 보수적 입장에 비해 적지 않은 강점을 갖고 있지만, 거기에도 최소한 세 가지의 논란거리나 문제가 있다고 판단된다. 첫째, 정부는 재화의 분배와 관련해서 사회적 최소 수혜자가 불평등 상황에서나마 최대 이익을 누리도록 적극적 역할을 행해야 하는데, 이런 정책은 결국 부자의 자유를 침해하지 않느냐는 반격을 자유주의 우파로부터 받는 논란을 제공한다. 그들 시각에서는 베짱이들이 애써 일해 번 자신들에게 수긍할 수 없는 권리를 들먹이며 이것 또는 저것 등을 받아야하니 많이 내놓으라고 하는 게 자유권을 침해한다는 항변이다. 여기서 우리는 부자의 일방적 자선도 아니고 사회적 약자의 과도한 권리도 아닌 공동체 구성원으로서의 책임을 이끌어내는 것이 가장 적절한데, 이것은 자유주의나 사회(민주)주의를 넘어선 제3의 사조, 즉 공동체주의적 공화주의에서 가능하다고 본다.

둘째, 롤스가 홉스의 논제를 채택한 데서 보듯이 정의론의 기초로 인간의 이익과 불이익을 핵심적 요인으로 상정함으로써 시민적 덕성에 대해서는 눈을 감게 되어 좋은 사회로 나아가지 못한다는 점이다. 이익 도모를 출발의 핵심 전제로 삼을 경우 이기심이 팽배하거나 그것에 갇힌 사회를 조성할 뿐이다. 역시 인간의 미덕을 종교와 윤리의 차원에서는 물론 제도적으로도 함양하고자 하는 공동체주의적 공화주의에 이르게 될 때 비로소 좋은 사회good society를 향해 전진할 수 있을 것이다.

셋째, 롤스든 하이에크든 자유주의는 인간에 대한 이해를 무엇이든 선택할 수 있는 독립적 자아로 상정하고, 이에 부응하여 정부가 다원적 문화에서 일체의 선에 관해 중립성을 견지토록 요구하는데, 이로써 사회는 나아갈 길을 잃고 표류하게 되어 결과적으로 개인적 이기심의 집합이 이루어지는 왜곡된 방향으로 진행하게 된다는 점이다. 갈수록 좋은 사회와 먼 방향으로 나아가게 될 것이다.

이런 전체적 배경에서 보면 신로마 공화주의는 가야할 방향으로 궤도 설정을 잘 하였다고 본다. 다만 가는 길 중간서 어정쩡하게 머물고 있는 상태로 파악된다. 왜냐하면 그것은 비지배적 자유를 최고의 가치로 여기면서 공동선에 대해서는 자유를 지켜주는 보조적 가치로 저평가하거나 공동선이란 그저 공동의 이익 이상이어서는 안 된다고 규제하고 있기 때문이다. 마키아벨리즘이 정치를 도덕과 분리시키려고 한 데서 보듯이 공동선도 로마식 실용주의의 틀 안에 있도록 정치적으로 좁게 가두어놓고 있는 셈이다.

물질적 이익의 관점에서 조망하면, 한 공동체의 공익이 그들에게 좋은 경우도 많지만 때로는 나쁜 짓(예, 초기 기독교인을 경기장 안 사자의 밥으로 내몰던 로마시민의 열광이나 특정 아파트 입주민 다수의 집값 올리기 짬짜미, 장애인 시설 설치에 대한 지역주민의 거부 등)에 해당할 수 있고 또 한 나라 전체의 제국주의적 이익이 얼마든지 다른 민족에게 비극(예, 식민지화나 굴욕적 복종 등)을 안겨줄 수 있음을 알 수 있다. 물질적 이익과 도덕적 가치로서의 선은 같을 수 있지만 다를 수도 있다. 이렇게 공익의 길이 왜곡되거나 잘못 들어섰을 때 규범적으로 바로잡거나 방향을 인도할 북극성의 가치는 도덕적 공동선일 수밖에 없다. 따라서 공화주의는 공동선을 비지배적 자유와 동등한 반열로 올려야 한다는 공동체주의의 요구에 부응해야 한다. 이럴 때 시민적 미덕civic virtue도 비로소 자유와 공동선을 지향하는 기본자세로 설정되어 온전하게 제 위치를 찾는 것이 가능할 것이다.

공화주의는 고대 그리스의 아리스토텔레스Aristoteles가 덕의 윤리와 공동체주의를 주창한 원류라는 점에서 로마의 공화정을 안고, 그 너머 그리스의 보편정신으로까지 뻗쳐 나가야 한다. 근현대 들어서면서 루소J. J. Rousseau와 토크빌A. Tocqueville은 물론 미국 건국의 아버지 토마스 제퍼슨Thomas Jefferson이나 연방헌법의 기초자 제임스 매디슨James Madison 등이 이에 주목하여 제창과 실행을 단행하였고, 최근에는 하버드대의 마이클 샌델Michael J. Sandel이 이를 적극 개척하고 있다. 공동체주의적 공화주의가 또 하나의 흐름을 조성하고 있는데 시민적 미덕을 중시하므로 시민적 공화주의라고도 불린다. 이렇게 공동체적 가치와 덕의 함양이 함께 중시되는 지평에 이를 때, 우리는 홍익인간 사상과 풍류, 유불도, 실학 등 우리의 전통문화 가운데서 비지배적 자유와 조화 가능한 것을 선별하여 수용함으로써 21세기 공화주의로 창조적 발전을 도모하는 것이 가능할 것이다.

공동체주의적 공화주의는 각 개인의 이기심이 빈번하게 행위의 동기로 작동하기 때문에 이를 말릴 수는 없으나 타인의 피해로 귀결될 때는 자제시키고, 가능한 한 그것이 공익이나 공동선에 기여토록 하며, 또한 시민적 미덕을 적극 함양하여 양심에 따라 행위할 수 있도록 조성함으로써 자유가 제도적으로 구현되는 자치에 이를 수 있다고 판단한다. 다만 여기에는 공동체 속의 자아를 파악하는 고유한 시각이 담겨 있음에 주목할 필요가 있다고 본다.

자유주의는 오른쪽의 자유방임의 형태든 아니면 왼쪽의 평등 지향적 모형이든 개개인이 온갖 다양한 상황에 처하게 될 때 스스로에게 구비된 이성에 따라 무엇이든 자유롭게 선택할 수 있다는 자아에 대한 상을 갖고 있다. 결국 사회와 분리된 독립적 자아independent self의 상을 제시하고 있다. 왜냐하면 자유는 독립적 자아가 선택을 통해 의도한 바를 충족시키는 것으로 구현된다고 보기 때문이다. 이에 정부는 각 개인이 추구하는 이익이나 선(좋음)이 다르면서 다양하게 펼쳐지고 있으므로 각자가 스스로 선택하도록 선에 관한 한 중립성neutrality을 지키도록 하되, 각 개인의 당연한 권리만큼은 존중하거나 이에 부응토록 정의(옳음)의 제도를 운용하는 것으로 충분하다고 본다.

자유지상주의는 정부의 안전한 보호를 통해 개인의 방임적 자유가 전개될 수 있도록 최소국가를 요청하는데, 여기에는 개인주의individualism의 자아관이 깃들어 있다. 개인주의는 정치적 원자론으로 사회라는 전체가 이를 구성하는 요소인 개인들의 단순 집합에 불과하다고 보는 사조다. 우주가 최종적 구성요소인 원자(또는 소립자)들의 기계론적 집합체라고 보는 것과 동형적이다. 결국 개인주의에서 사회 구성원 사이의 유기적 관계성은 고유하지 않으며, 언제든 해체 가능한 외적 속성을 지닌 것으로 간주

될 뿐이다. 이런 관점에서 자유지상주의는 상위 공동체로서의 국가란 자유의 담지자인 개개인의 집합에 불과하므로 독립적 개인이 스스로에게 고유한 자유를 통해 다양하게 주어진 조건에서 무엇인가를 끊임없이 선택하여 이를 실행하는 삶을 사는 것이 당연하다고 여긴다. 결국 여기서는 공동선이란 것도 각 개인 이익의 단순 집합일 뿐이므로, 정부나 자치 지역과 같은 공동체가 개개인들의 이해관계를 넘어 별도로 추구할 것은 없다고 본다.

샌델이 제기한 바와 같이 평등 지향의 롤스의 자유주의도 독립적 자아의 상에 머무르고 있음은 분명하다. 만장일치의 합의 가능한 사회계약을 체결하고자 각인이 원초적 입장에서 무지의 베일을 쓰고 사회제도를 정의롭게 만드는 가상의 무대를 상정하고 있는데, "그러나 이와 같이 철저히 독립적인 자아는 구성적 의미에서 소유와 결속된 선(또는 악)에 대한 어떤 개념도 배제하게 된다." 결국 롤스의 논증은 개인의 권리rights에 초점을 맞춘 사회적 옳음, 즉 (정)의justice의 접근을 취함으로써 "소유와 관련해서 순수하게 때가 묻지 않은 '본질적으로 무연고적unencumbered' 주체로서의 자아 개념에 의존"하고 있을 뿐이다.[19]

자유주의는 독립적(또는 무연고적) 자아에 대한 기본 인식을 토대로 개인의 권리와 정의를 존중하되, 정부가 (공동)선에 대해서는 팔짱을 낀 채 중립성을 지킬 필요가 있다고 보는 셈이다. 이에 대해 공화주의는 어떤 입

---

19 Michael J. Sandel(2nd ed.), *Liberalism and the Limits of Justice* (Cambridge: Cambridge University Press, 1998), 62, 92쪽. 초판은 1982년에 출간되었다.

장을 견지하는가? 문제는 신로마 공화주의 역시 이에 대해 모호하거나 다소 동조하는 인상을 풍기고 있다는 점이다. 비롤리는 공화주의자가 "자유를 말할 수 있기 위해서는 주종관계(예속)가 존재하지 않도록 하는 것만으로도 충분"하므로 "무슨 삶의 방식을 택하는지, 그리고 그가 어떤 자아를 가지고자 하는지는 전혀 중요하지 않다."고 언급하였다.[20] 페팃은 더욱 짙게 "국가가 시민의 이익이라고 추정되지 않는 선善에 대해 고려하는 것을 금"하고, 또한 "국가가 공통의 이익의 문제가 아닌 선에 대해 고려하는 것을 금지한다."고 하였다.[21]

신로마 공화주의가 자아 정체성에 대해 눈을 감고 또한 선에 대한 정부의 중립성 태도에 은연중 동조하게 될 때 그것이 내세우는 공동선은 애매모호한 상태로 표류하게 되는 까닭에, 필자로서는 이것이 신로마 공화주의가 처한 다섯 번째 난관이라고 본다. 정치는 사심과 욕망이 분출하는 가운데서도 좋은 인격의 시민들을 보다 많이 배출하여 공동선을 추구함으로써 바람직한 사회를 향하여 부단히 전진토록 인도해야 하는데, 기껏해야 자유로운 이익집단 간의 이해 충돌을 방지하거나 양보를 통해 쌍방의 적정 이익 선에서 공통의 타협을 이끌어내는 정도에 그쳐서는 그 배후에 위치한 위력적인 시장 권력의 수중에서 놀아날 뿐이어서 사회가 결코 나쁜 상태에서 벗어나지 못하게 된다고 판단한다.

그러면 과연 현실 속의 인간은 독립적 자아, 또 달리 말해서 운명적으

---

20 모리치오 비롤리, 앞의 책, 100쪽.

21 필립 페팃, 앞의 책, 507쪽.

로 늘 선택을 행해야 하는 무연고적 자아인가? 공동체주의적 공화주의는 인간을 연고적 자아encumbered selves의 상으로 인식한다. 예컨대 권아무개는 안동 권씨 누구의 36대 후손으로 태어나 (조)부모의 사랑과 훈육 속에서 형제와 부대끼며 자라고, 또 학교에 다니면서 동네 개구쟁이들과 어울려 노는 가운데 우리말과 역사를 익히며 성장한다. 우리는 자유롭게 나는 끈 떨어진 연이 아니다. 우리는 횡적인 공간 축 선상에서 부모형제와 친척, 이웃, 친구들과 온갖 연고 및 인연 속에서 살고 있고, 동시에 종적인 시간 축 선상에서 선대로부터 전해오는 역사와 문화, 언어를 습득하는 가운데 삶을 살게 된다. 공동체주의자 매킨타이어A. Macintyre가 정곡을 찔렀듯이 어느 누구도 나름의 서사적 궤적narrative arc을 간직한 삶을 사는 것이다.

우리는 자유롭게 선택하는 행위도 적지 않게 행하지만, 연고 속에 주어진 것을 숙명으로 받아들여 인내하거나 이에 책임responsibility을 지는 삶을 살기도 한다. 우리는 누구라도 특정 공동체를 배경으로 태어나서 삶을 영위하는 연계적 자아inter-relational self라는 것이 엄연한 사실이다. 물론 그 연고로 인해 지치고 힘든 사람도 있고 또 연고를 악용하는 사람들로 인해 해악이 퍼지는 경우도 많지만, 그렇다고 해서 연고를 끊는 것이 잘하는 짓은 아니다. 그것은 개인주의적이거나 이기적인 행렬에 전적으로 자신을 이탈시키는 것에 불과하다. 바람직하기로는 공동체 가족이나 이웃의 성원과 협력, 형제애 속에서 연고를 선용善用하는 가운데 난관을 극복하며 사회적 존재감을 드러내는 자유의 삶을 사는 데 있다.

독립적 자아냐 연고적 자아냐에 따라 정치적 향배가 어떻게 엇갈릴 수 있는지 사례 하나를 들어보자. 조선 후기 당파싸움만 일삼던 양반의 권력적 행태로 인해 우리 민족은 20세기 초에 일제의 식민지가 되는 비극을 겪었다. 독립 운동가들과 무고한 민초들은 일제의 압정으로 죽임을 당하거나 강제징용 또는 일군의 위안부로 끌려가는 비운을 겪기도 했다. 세월이 지났다고 해도 우리는 일본에 대해 과거사에 대한 진정어린 사과와 잘못에 대한 책임을 요구하고 있다. 그러나 21세기 일본의 지배적 정치인들은 이를 외면하고 있다. 그 이유를 이렇게 댄다고 가정하자. "우리의 일본인 선조가 과거 조선에 패악한 짓을 저질렀다면 잘못이다. 그러나 그것은 조상들이 시대적 자의로 행한 것이고, 1965년의 한일회담 때 외교협정을 체결하면서 사과와 더불어 배상도 마쳤다. 따라서 후손인 오늘의 일본인들이 그런 짓을 저지른 것은 아니므로, 우리가 사과와 책임을 질 직접적 이유는 없다."

독립적 자아의 상에 초점을 맞춘 자유주의 사조는 영악한 일본의 보수 정치인들에 대해 책임을 묻기가 어렵다. 인간은 독립적 자아 존재이고, 책임은 자발적인 행위에 따른 보응으로 짊어지는 것이라고 여기기 때문이다. 반면 이들에게 제대로 된 책임을 묻고자 한다면, 유대인 학살 등 나치의 만행에 대한 오늘날의 독일인의 자세에서 찾아야 할 것이다. 나치의 후손인 현재의 독일인들은 선대와 역사적으로 연계되어 있으므로 책임의 정도는 다를지언정 피할 수 없다고 본다. 도덕적 무한책임은 물론 정치적으로도 기꺼이 일정한 책임을 짊어지고자 한다. 여기서 비교되듯이 약삭빠른 일본 정치인들에 대해 책임을 묻고자 한다면, 정치적으로 연계적 자아의 인간상으로 보는 것이 불가피하다. 공동체적 연대감은 이럴 때 온전히 부상하게 된다. 따라서 덕을 갖춘 지구촌 시민이라면 선대가 저지른 죄과에 대해서 회피하지는 않을 것이다.

샌델은 “공화주의 이론의 핵심은 자유가 자치에 참여하는 데 달렸다.”고 생각하고, 이것은 “동료 시민들과 함께 공동선에 관해 숙고하고 정치 공동체의 운명을 만들어가는 데 이바지한다는 것”이라고 보았다. 이에 “자신의 목적을 선택할 능력과 타인의 권리를 존중하는 능력만으로는 부족하다. 공적인 일에 대한 지식, 소속감, 전체에 대한 관심, 운명이 걸린 문제에 직면해 있는 공동체와의 도덕적 유대 등이 필요하다. 그러므로 자치 참여는 시민들이 특정한 인격적 성질이나 시민의 덕을 가질 것을 요구한다.”고 주장한다.[22]

공동체주의적 공화주의는 미국 건국 초기의 역사에서 어렵지 않게 찾아볼 수 있는데, 건전한 공동체 정신과 자치, 시민의 미덕에 대해 많은 관심이 기울여졌음을 알 수 있다. 건국의 기초자로서 제3대 대통령을 역임한 토머스 제퍼슨은 당시의 농업적 생활방식이 자유 속의 책임을 일깨워서 덕을 갖춘 시민들을 길러냄으로써 자치에 매우 적합하다고 본 반면, 아메리카 대륙 너머 영국 등 서유럽에서 등장한 대규모 제조업이 공화주의적 시민성citizenship에 필요한 독립성을 해친다고 판단하여 그 도입에 반대할 정도였다. 건국 헌법을 기초한 제임스 매디슨 역시 공화주의적 정부의 핵심은 인민들이 원하는 것을 주는 것에만 맞출 것이 아니라 그들이 옳은 일을 하도록 이끄는 데 있다고 보았다. 심지어 건국 초대 재무장관을 맡은 해밀턴A. Hamilton조차도 대규모 제조업 육성은 물론 기업인에게 금융지원을 아끼지 않는 재정정책을 펼침으로써 적지 않은 논란을 초래

22 마이클 샌델, 안규남 옮김, 『민주주의의 불만』(파주: 동녘, 2012), 18쪽.

했음에도 불구하고 공화주의의 고전적 이상이 현대적 수단을 통해 실현되어야 한다는 생각 속에 이익 도모의 야망이 응집된 "열정이 공동선에 기여하도록 그것을 활용하는 것이 바로 현명한 정부가 해야 할 일"이라고 여겼다.[23]

그러나 건국 초기 청교도 정신과 자유에 대한 열망에 기초하여 형성된 미국의 공화주의 정신은 해가 갈수록 퇴조하기 시작했다. 산업자본주의가 확산되면서 각 개인이 이익을 위해 매진하는 가운데 무엇이든 선택할 자유가 팽배하고, 더 나아가 정부가 공적인 가치에 대해 중립성을 견지함으로써 초래된 비극이라고 할 수 있다. 그 결과 초래된 사태에 대해서는, 샌델이 『정의란 무엇인가』에서 인용한 바와 같이, 1968년에 민주당 후보로서 대통령 당선을 목전에 두었다가 암살을 당한 로버트 케네디Robert F. Kennedy의 연설문에서 추적할 수 있다.

> 우리 국민총생산은 한 해 8,000억 달러가 넘습니다. 그러나 여기에는 대기오염, 담배 광고, 시체가 즐비한 고속도로를 치우는 구급차도 포함됩니다. 우리 문을 잠그는 특수 자물쇠, 그리고 그것을 부수는 사람들을 가둘 교도소도 포함됩니다. 미국삼나무 숲이 파괴되고, 무섭게 뻗은 울창한 자연의 경이로움이 사라지는 것도 포함됩니다. 네이팜탄도 포함되고, 핵탄두와 도시 폭동 제압용 무장 경찰차량도 포함됩니다. (……) 우리 아이들에게 장난감을 팔기 위해 폭력을 미화하는 텔레비전 프로그램

23 위의 책. 181. 189, 197−98쪽.

> 도 포함됩니다. 그러나 국민총생산은 우리 아이들의 건강, 교육의 질, 놀이의 즐거움을 생각하지 않습니다. 국민총생산에는 우리 시의 아름다움, 결혼의 장점, 공개 토론에 나타나는 지성, 공무원의 청렴성이 포함되지 않습니다. 우리의 해학이나 용기도, 우리 지혜나 배움도, 국가에 대한 우리의 헌신이나 열정도 포함되지 않습니다. 간단히 말해, 그것은 삶을 가치 있게 만드는 것을 제외한 모든 것을 측정합니다.[24]

여기서 로버트 케네디는 경제성장을 부정하는 것이 아니라 정부가 계량적 수치의 GNP(또는 GDP)에 총력을 기울이는 제도를 조성할 때 국민이 물질적 삶의 볼모가 되어 진정한 삶의 가치를 잃어버리게 됨을 경고하면서 외면당한 공화주의의 정신을 회복해야 함을 일깨우고 있다. 정부가 독립적 자아로 하여금 각인의 이익을 필두로 무엇이든 자유롭게 선택하여 행위하도록 허용하면서 공적인 가치와 선에 대해 중립성을 견지할 때, 그 귀결은 물질적 풍요를 맞이할 수는 있어도 시민적 미덕의 퇴조와 함께 자유의 기본 바탕인 자치는 퇴색되며, 자연 희생에 따른 환경위기 또한 심화될 것이다. 20세기 중후반 무렵 도래한 신자유주의는 이를 더욱 부채질하고 있다. 공동체주의적 공화주의는 정부가 제도적으로 시민의 미덕을 고양시키는 가운데 자치의 여력을 북돋아 공익과 공동선을 도모하고, 그런 지평에서 누구나 자유를 누릴 수 있도록 하자는 것이다. 따라서 정부는 크고 작은 시민적 공동체와 기초적 자치 단위, 그리고 시장조차도 공동선

---

24 마이클 샌델, 이창신 옮김, 『정의란 무엇인가』(파주: 김영사, 2010), 363쪽.

에 대한 성찰과 숙의를 통해 좋은 사회를 지향함으로써 모든 개인의 자유도 함께 피어나는 지평으로 인도할 책임을 가져야 한다고 본다.

5. 상보성 공화주의의 지평

현대 공화주의는 크게 두 흐름으로 대별되어 발전하고 있다. 한편으로 마키아벨리를 필두로 스키너와 페팃, 비롤리 등이 로마 공화정의 역사적 실제에 기초하여 비지배적 자유에 최고 방점을 찍으면서 다른 개념들은 이것에 종속되거나 주변에 위치한 것으로 파악하는 경향이 신로마(또는 자유주의적) 공화주의를 태동시켰다. 다른 한편으로 민주주의를 겪은 고대 그리스의 철학자 아리스토텔레스를 출발점으로 삼아 로마 공화정을 거쳐 미국 건국의 기초자 제퍼슨과 현대의 마이클 샌델에 이르는 흐름은 시민적 미덕을 함양하여 자치를 통해 공동선을 지향할 때 비로소 자유도 온전히 피어날 수 있다고 주장함으로써 공동체주의적(또는 시민적) 공화주의를 조성하고 있다. 단순화하자면 양자는 비지배적 자유와 자치적 공동선을 함께 내세우고 있는데, 무게 중심을 어느 쪽에 두느냐에 따라 차이를 빚는 흐름으로 분화되고 있는 셈이다.

공화주의는 자유주의와 손을 잡는 것이 가능하다. 둘 다 자유를 중시하기 때문이다. 물론 중요한 차이도 있다. 자유주의는 간섭이 없는 자유의 상태를 희구하는 데 그치는 반면, 공화주의는 지배적 권력을 제도적으로 불허함으로써 자유가 피어나게 하되 덕을 갖춘 시민의 자유로운 통치 참여를 촉진하여 공동선까지 지향한다는 것이다.

공화주의는 민주주의Democracy와 손잡는 것이 가능하다. 민주주의는 민중의 지배를 근간의 내용으로 삼으면서 실현 절차에 있어서 직접으로 하느냐 아니면 간접으로 대표할 대리인을 내세우는 방식으로 행사하느냐에 따라 달라진다. 고대 그리스의 민회와 아나키즘은 직접 민주주의를 행했거나 고수하는 반면, 자유민주주의는 선거라는 정치적 절차를 통해 간접적인 대의 민주주의를 채택하고 있다. 공화주의 역시 만 백성의 자유와 자기통치를 내세우기 때문에 민주적이다. 다만 국가의 합리적 법체계에 따를 것을 요구하고 있고, 국가 자체가 작은 지역의 공동체 범위를 뛰어넘는 만큼 대의 민주주의가 일정하게 요청된다고 여기므로 직접 민주주의에 집착하지는 않는다. 다만 토크빌이 제시한 바와 같이 자치를 중시하는 연유로 삶의 현장인 기초 공동체에서 시작해서 중간의 자치 영역, 그리고 더 넓은 국가 영역으로까지 확산되도록 조성하고자 한다. 이런 까닭에 숙의 민주주의를 중시하고, 무엇보다도 덕과 지혜를 함께 갖춘 자들의 식견을 소중하게 여길 수밖에 없다고 판단한다.

공화주의는 사회주의Socialism와 다르지만 일정하게 공유하는 부분이 있다고 본다. 사회주의는 사회가 개인들의 단순 집합일 뿐이라고 보는 개인주의와 달리 사회가 개인들의 집합 이상이라는 공동체주의를 수용하여 사회적 이상을 구현하려고 한다는 점에서 공화주의와 공유하는 바가 있다. 20세기에 구체화 된 사회민주주의는 복지국가를 추구한다는 점에서 공화주의의 지향과 유사하다. 다만 사회(민주)주의와 달리 현대 공화주의는 개인이 향유할 자유가 비지배 상태에 놓여야 함을 강조한다는 점에서 차이를 드러내게 된다. 마르크스적 사회주의의 경우 사회적 이상을 먼저 특정하고, 이를 실현할 정치적 주체로 공산당 일당 독재를 허용하며, 민중의 지배라는 내용 민주주의를 구현한다는 명분 아래 절차를 무시한다는 점에서 현대 공화주의와 사뭇 다른 길로 들어서게 된다는 데서 그 차이를 찾을 수 있다. 특히 공화주의는 사회주의가 전체주의 독재로 빠짐으로써 개인의 자유를 유린할 수 있음을 가장 경계할 대목으로 판단한다. 21세기 공화주의는 사회적 이상으로 공동선을 도모하지만 미리 특정하기보다는 열어놓고, 고유한 역사와 문화를 간직한 지역 공동체의 가치가 규범의 문을 통과하는 한 상향식으로 올라와 공유되도록 하면서 때때로 보편화 가능한 가치가 하향식으로 내려가 숙의 과정을 거쳐 조화와 합의에 이를 수 있도록 절차상의 쌍방향 조회를 실행하며, 각 개인의 사회적 존재감이 자유롭게 드러나는 방식으로 공적 조화public harmony를 도모하면서 더불어 복지정책을 추구한다는 특징을 갖는다고 할 수 있다.

다만 공화주의에 두 흐름이 있어야 할 필요가 있느냐는 의구심이 들 수 있다. 하나라면 보다 선명하지 않겠느냐는 생각에서 비롯된다고 보인다. 자유주의도 고전적 견해를 중심으로 오른쪽으로 자유지상주의가 있고, 왼쪽으로 평등 지향의 롤스식 자유주의가 있다. 사회주의에는 더 많은 유형이 있다. 다른 사조에 비해 공화주의의 두 흐름은 오히려 바람직하다고 볼 수 있다. 필자는 여기서 세 번째 기본전제를 제기하여 이를 살필 수 있기를 희망한다.

세 번째 기본전제는 동심원상 자아의 중용 논제이다. 인간은 숙명적으로 동심원 선상의 각종 궤도에 놓인 존재인데, 한편으로 자아가 연계성의 근원인 중심을 향해 쏠리는 구심력을 받게 되고 다른 한편으로 자아가 운행 과정서 바깥으로 튕겨나가려는 자유의 원심력을 받는 가운데, 어느 일방으로 쏠리지 않도록 중용의 조화를 부단히 실현해야 하는 존재인 것이다. 사회적 차원서 조망할 경우 각자가 구심력에 흡수되면 중앙의 중심만 남고 나라는 고유한 자아와 개인의 자유는 실종되는데, 혹여 이런 사태가 대다수에게 일어난다면 전체주의의 비극을 마주하게 된다. 이와 반대로 각자가 강한 원심력으로 궤도서 이탈하게 되면 끈 떨어진 연처럼 독립적 자유를 얻어 날아가게 되지만 가족과 형제, 친구, 이웃과 결별하게 되어 고립무원의 상태로 떨어지게 되며, 결국 극단의 개인주의 지평에 놓이게 된다. 우주적 차원서 조망할 경우 인간이 구심력에 이끌려서 빨려 들어가면 갈수록 원시적 자연의 존재로 살아가게 되는 반면, 원심력에 의해 궤도서 이탈하게 되면 될수록 인간은 생명부양체계인 자연과 괴리된 문화적 존재로 남게 되어 환경위기에 직면하여 소멸되는 경로로 들어서게 될 것이다.

현실을 직시할 경우 사회적 인간은 누구라도 어느 한쪽으로 쏠리지 않도록 중용적 조화를 구현해야 하는 연계적 자아 존재이고, 지구촌 인간은 원시자연과 자연 수탈의 문화라는 양극단에서 중용적 조화를 구현하여 생태적으로 지속 가능한 문화를 실현해야 할 자연적 문화인이다. 성경에서 신이 인간을 흙으로 빚어 영혼의 숨을 불어넣었다고 하는 스토리 자체가 사람이 자연적 문화인임을 말해준다고 할 수 있다. 또한 클로즈업을 어느 쪽으로 하느냐에 따라 자유의지론이 돋보이거나 그 반대로 결정론(예정론)이 부상하기도 된다. 따라서 한쪽으로 내달려서 스스로 선명하다고 선언하는 것 자체가 우매함의 소치라 판단된다.

노자老子는 반자도지동反者道之動, 즉 되돌아 나오는 것이 도의 운동 법칙이라는 이치로 인간(사회)의 행위 양상에 대해 간명하게 설파했다. 무엇인가 결핍을 느껴 그 방향으로 치달리다가 지나치게 되었음을 자각하여 되돌아 나오고, 그래서 나오는 곳으로 내닫다가 역시 과도했음을 깨달아 또 되돌아 나온다는 뜻이다. 물론 서양의 고정된 직선상에서가 아니라 동양의 원형적 선형 궤도에서 일어나는 일일 것이다. 우리는 국가와 지역사회, 회사, 가족 등 나름 설정한 중심을 향하여 자신을 내던지듯이 몰입하다가 그 안에 고유한 자기가 없음을 발견하여 되돌아 나오고 또 누구의 간섭도 없는 무한정의 자유를 향하여 내달리다가 어느 순간 고립무원의 나락으로 떨어질 수 있음을 직감하여 후회 속에 되돌아 나오는 존재인데, 가능한 한 양 극단의 어느 한쪽으로 너무 쏠리지 않고 궤도(본래든 바뀐 곳이든)에 위치하여 중용의 조화를 구현해야 하는 숙명적 존재이다.

동심원상의 자아 논제에 비추어 볼 때 공화주의의 두 유형은 자유와 공동선이라는 두 핵심적 가치 가운데 어느 하나에 보다 주안점을 두는 형세라 할 것이다. 자유주의적 공화주의는 원심력이 작동하는 자유를 비지배적 형태로 추구하는 데 초점을 맞추는 반면, 공동체주의적 공화주의는 구심력이 이끄는 공동선을 지향하는 데 보다 주안점을 둔다고 보아도 될 듯하다.

우리는 부단히 역동적 변화를 맞이하는 세상에 놓여 있다. 사회의 일체성이 지나치게 강조되는 여건에서는 자유주의적 공화주의가 활성화되어 자유의 길을 더 열어주어야 한다. 권위주의적 위계질서가 판을 치는 곳에서는 개인의 자유와 고유한 권리가 충분히 강조되어야 한다. 자유와 자율성 속에서 개인이나 공동체의 책임감도 무르익고, 그 가운데서 창의성도 꽃을 피우기 때문이다. 역으로 원자론적 개인주의가 지나치게 팽배해 있거나 각자의 이기심의 만연으로 집합적 해악이 짙게 드리워진 여건에서는 공동체주의적 공화주의가 날개를 펴서 우애와 배려, 연대 속에 공동선을 향해 더욱 전진토록 해야 한다.

과거 미국의 노예제 폐지 논쟁은 정부의 중립성 논란을 잠재우는 대표적 사건이라 할 수 있다. 당시 남부의 여러 주들은 노예제를 통해 공동의 이익을 누리고 있었고, 북부는 산업화에 따른 생산성 증진을 위해 많은 노동력을 필요로 하고 있었다. 남부의 논객들은 노예제 폐지로 흑인이 풀려나보았자 북부 자본가에 고용되어 노동수탈을 당할 것이 분명하므로 차라리 주인의 보호 속에 생명을 지키고 양식도 안전하게 제공받는 것이 더 낫다고 강변하고 있었고, 북부의 논객들은 흑인이 자발적 의사에 따라 자유계약의 삶을 살도록 해야 한다거나 또는 제도로써 자유를 침해하는 것이 도덕적 해악에 해당하는 만큼 노예제를 폐지해야 한다고 주장하였다. 이에 남부에서는 주(또는 사람)마다 노예제 관련 공익과 선의 관점이 다른 만큼 연방정부는 중립을 지켜야 한다는 목소리를 드높이고 있었다. 이때 링컨A. Lincoln은 노예제가 북부로까지 확산되는 것을 차단하는 데 주안점을 두기는 했지만 그것이 죄악임이 분명하다고 역설하였고, 그의 정부는 중대한 문제에 관한 한 중립이 아니라 공동선에 대한 표명과 실행이 필요하다고 여겨서 남북전쟁을 승리로 이끌면서 마침내 노예제를 폐지하기에 이른다.

공화주의가 상대적으로 자유에 초점을 맞추면 자유주의적이 되고, 공동선에 주안점을 두면 공동체주의적 특성을 띠게 된다. 여기서 필자는 공화주의가 자유와 공동선의 두 핵심 개념을 주축으로 그 사이에 시민적 미덕의 함양과 자치 참여가 함께 배치되어 어우러지는 스펙트럼으로 압축할 수 있다고 본다. 동심원 자아의 중용 논제에 비추어보면, 비지배적 자유와 공동선을 둘러싸고 어느 한쪽의 일방적 우위로 경합시킬 필요가 없기 때문이다. 따라서 이런 정치철학적 입장을 상보적 공화주의Complimentary Republicanism로 부르고자 한다. 이것은 닐스 보어Niels Bohr가 고전역학의 이원론을 넘어 양자역학의 새 지평을 열면서 입자성이나 파동성과 같은 상반된 특성을 상보성 원리의 시각으로 공존적 양자상태quantum state로 파악한 것[25]과 동형적이다.

정치철학으로서 공화주의는 자유주의나 민주주의, 심지어 사회민주주의와도 배척관계에 놓여 있지 않다. 오히려 그런 사조가 갖는 한계나 결함을 충족시킨다는 강점을 갖는다. 공화주의는 다른 사조가 배제하거나 간과하고 있는 시민의 미덕을 제도를 통하여 함양시킴으로써 좋은 사회를 향해 전진토록 요구한다는 고유한 특성을 갖는다고 할 것이다. 특히 현대 사회가 과학기술의 영향을 갈수록 많이 받는 상태로 이행하고 있는 만큼 정부가 이를 억제하기보다는 보다 나은 방향으로 나아갈 수 있도록 이끌면서 그것이 사회적 및 지구적 공동선을 구현하는 데 이바지하도록 해야 한다. 따라서 인간은 누구나 자신에게 고유한 자아를 자유롭게 추구하되, 그것이 사랑의 형제애로 구현되어 연계된 가족과 이웃, 공동체 구성원들에게 이로움을 끼쳐 함께 공동선을 도모하고, 국가가 제도적으로 어떤 집단의 지배도 허용하지 않을 정도로 자치를 성숙하게 시행하는 단계로 전진하며, 더 나아가 바람직한 공동체적 이상을 지향하는 데 온갖 노력을 경주해야 할 것이다.

---

25 H. J. Folse, *The Philosophy of Niels Bohr: The Framework of Complementarity* (Amsterdam: North-Holland, 1985), 119-20쪽.

저자 약력

강경선

현 방송대 명예교수, 서울대 법학박사(헌법학), 21세기공화주의클럽 상임공동대표.
전 방송대 법학과 교수, 민주주의법학연구회 회장.
저서로『헌법의 기초』와『헌법전문 주해』,『인도 헌법 형성사』 등 다수.

김동규

현 케임브리지대 박사후보, 21세기공화주의클럽 정책위원장.
서울대 정치학과 졸업, 외무고등고시 29회 합격, 전 외교부 외무관.
『서양정치철학사1』와『공화주의』 공역.

조 민

현 통일연구원 석좌 연구위원(전 부원장), 21세기공화주의클럽 공동대표.
고려대 정치학박사, 평화재단 평화교육원 원장, 코리아글로브(KG) 이사장.
저서로『평화통일의 이상과 현실』 및『한반도 평화체제와 통일전망』 외 다수.

채진원

현 경희대 공공거버넌스 연구소 연구원(전 후마니타스칼리지 교수), 21세기공화주의클럽 정책위 부위원장. 경희대 정치학박사로 '정당과 선거' 등 강의. 저서로『무엇이 우리정치를 위협하는가』(2016)와『공화주의와 경쟁하는 적들』(2019) 등 다수.

한면희

현 성대 초빙교수, 성대 철학박사, 21세기공화주의클럽 공동대표.
전 녹색대 대표(교수), 한국환경철학회 회장, 창조한국당 대표(대행).
저서로『초록문명론』과『미래세대와 생태윤리』,『제3정치 콘서트』 등 다수.

21세기 공화주의

발행일 1쇄 2019년 10월 2일
지은이 21세기공화주의클럽 지음
펴낸이 여국동

펴낸곳 도서출판 인간사랑
출판등록 1983. 1. 26. 제일－3호
주소 경기도 고양시 일산동구 백석로 108번길 60－5 2층
물류센타 경기도 고양시 일산동구 문원길 13－34(문봉동)
전화 031)901－8144(대표) | 031)907－2003(영업부)
팩스 031)905－5815
전자우편 igsr@naver.com
페이스북 http://www.facebook.com/igsrpub
블로그 http://blog.naver.com/igsr
인쇄 인성인쇄 **출력** 현대미디어 **종이** 세원지업사

ISBN 978－89－7418－395－0 93340

* 책값은 뒤표지에 있습니다. * 잘못된 책은 바꿔드립니다.

이 도서의 국립중앙도서관 출판시도서목록(CIP)은 서지정보유통지원시스템 홈페이지(http://seoji.nl.go.kr)와 국가자료공동목록시스템(http://www.nl.go.kr/kolisnet)에서 이용하실 수 있습니다.(CIP제어번호: CIP2019036606)